プロローグ

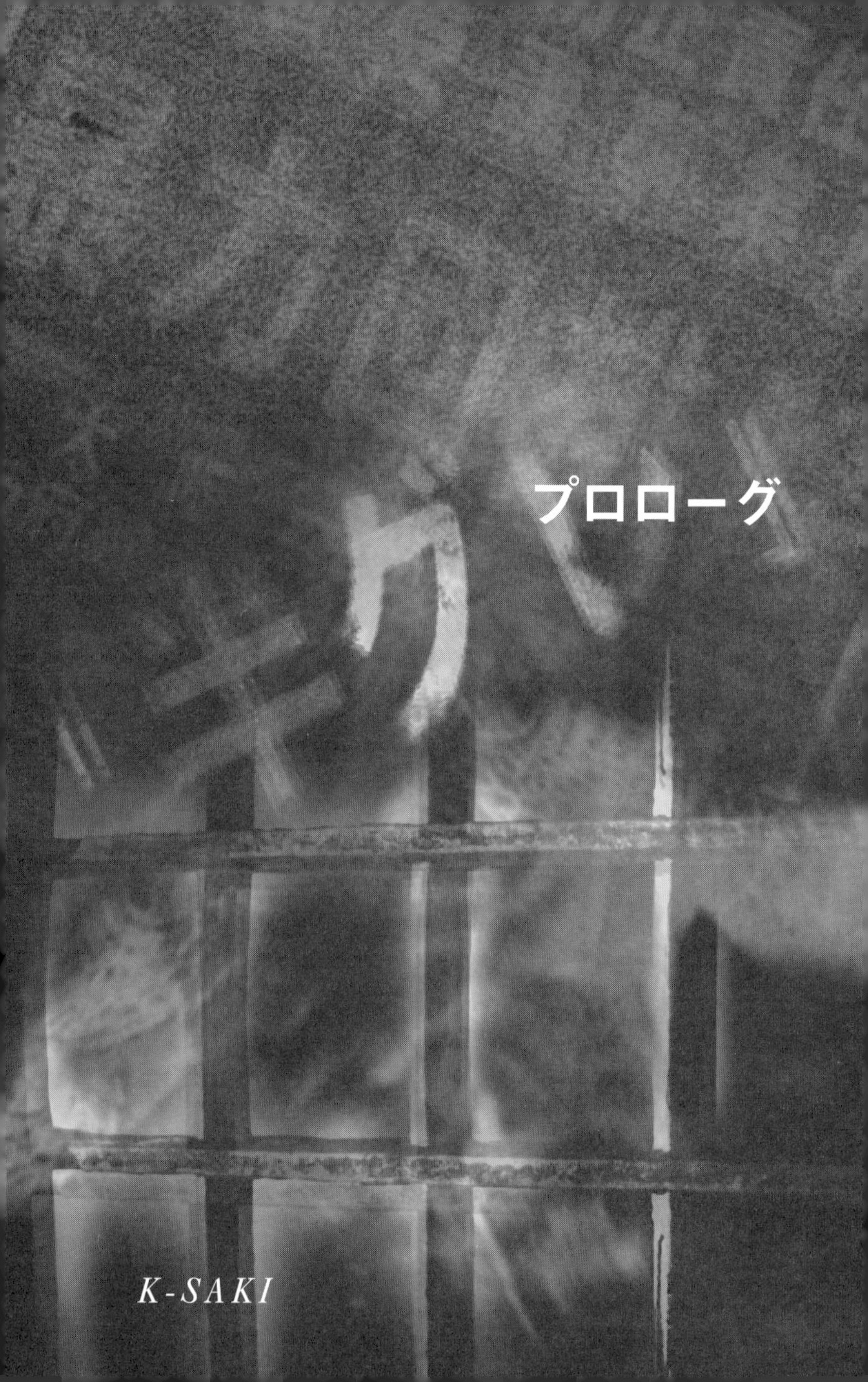

K-SAKI

本書は、関西でその名を馳せた、ある〝半グレ〟の一代記である。彼は不良社会に身を投じ、そして関西を中心に恐れられた半グレ集団「アビスグループ（以下、アビス）」の中心メンバーとなって、大阪・ミナミで暴れまわった男である。

そもそも、〝半グレ〟とは何なのか？

「警察白書」（令和元年版）によると、次のように定義されている。

「暴走族の元構成員等を中心とする集団に属する者が、繁華街・歓楽街等において、集団的又は常習的に暴行、傷害等の暴力的不法行為等を敢行している例がみられるほか、特殊詐欺や組織窃盗等の違法な資金獲得活動を活発化させている。こうした集団は、暴力団と同程度の明確な組織性は有しないが、暴力団等の犯罪組織との密接な関係がうかがわれるものも存在する。警察では、こうした集団を準暴力団と定義し、準暴力団及びこれに準ずる集団について、部門・所属の垣根を越えた実態解明の徹底に加え、あらゆる法令を駆使した取締りの強化に努めている」

この〝半グレ〟が突如世の中にその存在を認知されたのは、あの「市川海老蔵暴行事件（２０１０年）」や、「六本木クラブ襲撃事件（２０１２年）」を引き起こした「関東連合」によるところが大きい。彼らの反社会的な組織の実態が明らかになり、２０１３年頃に集団で暴力的な不法行為をするグループを〝半グレ〟〝準暴力団〟と呼び、その存在が注目されるようになった。

そして、東京での半グレ・反社組織による活動は度重なる警察の取り締まりが奏功して徐々に鎮静化していったが、その動きに反比例するように台頭していったのが、大阪の半グレたちだった。中でも、大阪では地下格闘技団体の流れを汲む「07（アウトセブン）」と「アビス」が勢力を拡大させたのは、知る人ぞ知る事実である。

本書に登場する「アビス」は、リーダーのもと、一時期は300人とも言われる構成員を従え、関西随一の繁華街・ミナミを拠点に違法な客引き行為やぼったくりバー、風俗店の経営、さらに特殊詐欺への関与など、夜の街を舞台にやりたい放題に荒らしまわったグループである。彼らの暗躍ぶりは凄まじく、2018年にはアビスのメンバー50人以上が一斉に検挙されるという事件まで発生。警察の徹底的な取り締まりを招き、現在では壊滅させられた組織である。

著者のDATURAこと阪本涼氏は、この「アビス」創設の頃から名を連ねる古参メンバーの一人であり、現在収監中の人物である（詳細は後述する）。彼とは、この本とは別のアンダーグラウンドに関する取材で知り合い、書簡をやり取りするようになった。

近年、「関東連合」や「怒羅権」といった半グレ集団についての著書は多く出版されているが、「アビス」など関西の勢力について詳しく触れたものは少ない。この事実が本書製作理由の一つとなったことも、ここに触れておきたい。

本書は、その阪本氏の生い立ち、生き方について、深く言及していく。現在の若者の心象をとらえる上でとても興味深いが、同時に目を引いたのが、彼が属した「アビス」という巨大組織の姿だった。なぜ瞬く間に関西一円にその名を知られる組織となり、そしてどのようにして消えていったのか――。

阪本氏の目から見た大阪の半グレ組織、「アビス」の興亡、裏社会の現在にも着目しつつ、最後まで読み進めていただければ幸いである。

「さらばアビス」編集チーム

前章

逮捕

ＤＡＴＵＲＡ――
今はそう呼ばれている。

本名は、阪本涼。

１９９７年５月１日、俺は兵庫県西宮市で生まれ育ち、荒れた少年時代を送った。その後、大阪・ミナミの街で、俗に言う半グレ集団「アビス」のメンバーとして活動、大阪の不良社会においては一目置かれる存在となったが、２０１７年９月に凶器準備集合罪・詐欺罪で逮捕され、川越少年刑務所に服役した。

２０１９年５月に出所してからはアビスと距離を置くようになり、ラッパーとして活動を開始。しかし、２０２０年１月に大麻とＭＤＭＡの営利目的の所持で逮捕され、現在、服役中である。

今年で24歳になる。

俺の仕事は、今はラッパー。生まれてから今までに見てきたこと、感じたこと、すべてを歌にしている。

きれいなこと、きたないこと。そのすべてを歌うのが俺の仕事だ。そして、それがラッパーだと思う。

俺の場合、ミナミや地元の団地で見てきたものが大きい。

※

2021年3月17日、俺は東京地方裁判所216号法廷に被告人として立っていた。

全国ニュースでも報じられた通り、前年の年明け（1月17日）に大麻とMDMAの営利目的所持容疑でパクられた件の判決が下されようとしていた。

法廷内には数人の傍聴人がいて、俺自身にも緊張感が張り詰めていたと思う。

法壇の裁判官からは厳しい眼差しが注がれていて、口元がスローに動いた。

「被告人を懲役2年7カ月の刑に処する」

もちろん、俺の判決に執行猶予はない。

これで俺は、23歳（当時）にして、2回目の刑務所に行くことになった。当然のことながら、俺は20代の半分以上を塀の中で過ごすことになる。

塀の中にいるのは、すべて罪を犯した人間たち。理由も人種も様々だが、俺も社会から見れば、間違いなくそのうちの一人ということになるわけだ。

しかも、言ってしまえば、俺は決まった組織には属さない〝半グレ〟ってやつだ。

じゃあ、俺はいつから半グレになったのか。半グレだとして、なぜ今ラップをするのか。

そのすべてを、包み隠さずに書いていきたいと思う。

突然のガサ入れ、突然の逮捕

２０２０年1月17日の午前8時頃。

前日の夜にデカい取り引きを無事に終えて、仲間と軽く酒を飲んだ俺は、そこから帰宅。すると、大阪市北区の俺が暮らすマンションの前に2、3台のワゴン車が停まっていることに気づいた。

そこは、阪急電車の高架脇になっていて、いつもは多くの車が路駐してある場所だ。そこに、人が不自然に多く乗り込んでいる感じのワゴン車が見えたのだ。

「何かイヤな感じがするな」

直感的にそう思ったけど、「もう9時近くやし、大丈夫やろ」と思って家に帰った。普段なら、少しでもイヤな何かを感じたときは、当時付き合っていた彼女とラブホテルに泊まったり、一時的にウィークリーマンションに身をかわすなどしていたかもしれない。前日の取り引きがうまくいき、警戒心も薄れていたのだろうか。

だが、不審に思ったのも束の間。マンションの部屋のドアを開けるといつも通り彼女がいて、何も変わらない様子だった。

安心した俺は、いつも通りに朝飯を食って、シャワーを浴びて、一服していた。すると、空室の

2020 年に俺は逮捕され、全国ニュースで報道されてしまった（画像は JNN より）

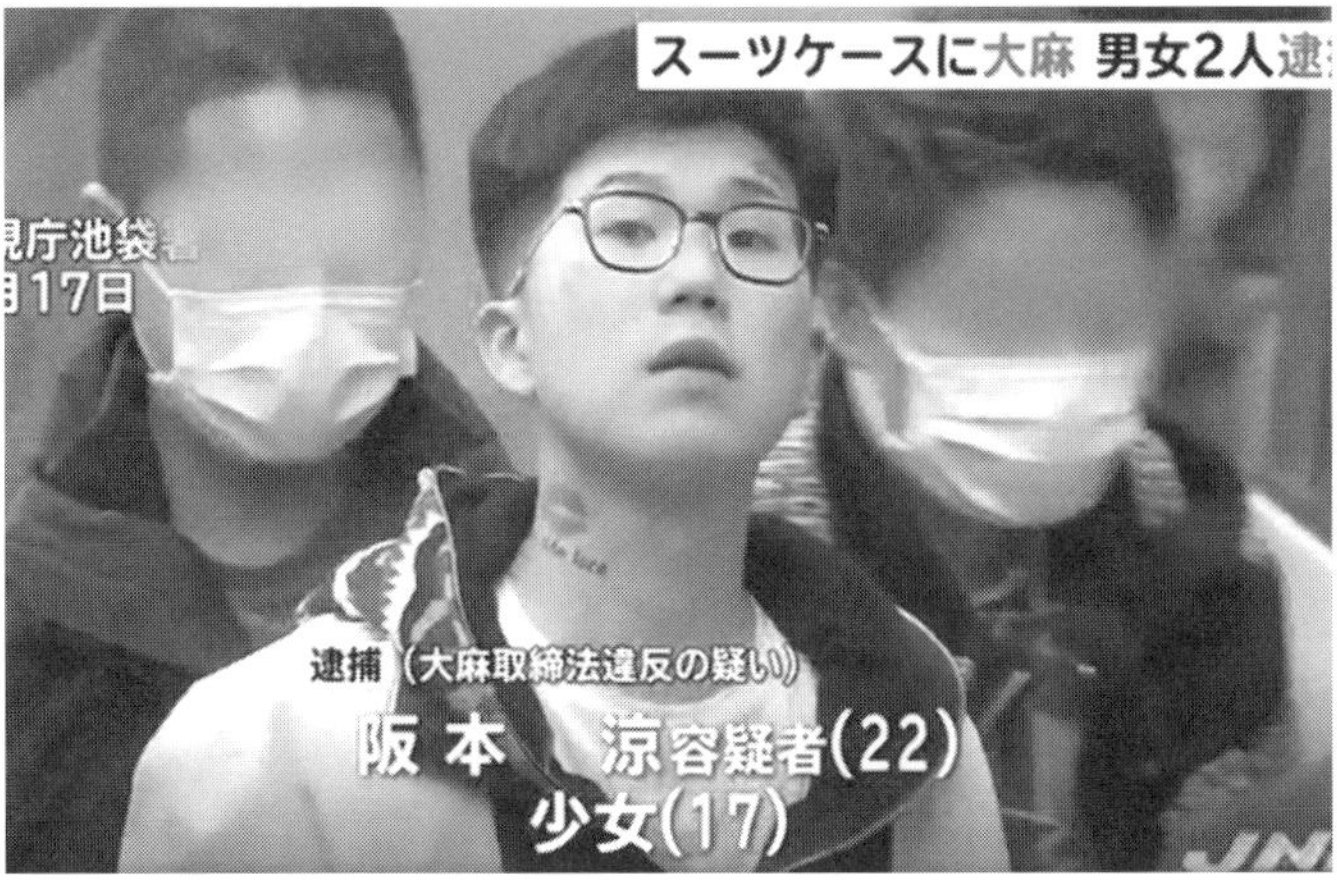

はずの隣の８０８号室から、ドッタンバッタンと騒がしい音がしていることに加え、数人の男の声が聞こえてくることに気付いた。

俺が住んでいた部屋は８０７号室で、逆隣の８０６号室に住むのもオバサン一人だ。数人の男の声というのは明らかにおかしかった。

「なんや？　引っ越しでもやってんか？」

最初はそう思っていたが、徐々に俺の中で警戒のレベルが上がってくる。俺はホテルに泊まろうと思い直し、電話で予約を取ろうとしていた。

空室のあるホテルを検索しながら、移動のためのタクシーも配車していたが、なかなか見つからない。どうするかと考えていたところで、いきなりベランダの防火トビラが「ドカーン！」と吹き飛んだ。一瞬の出来事で、何が起きたのかわからなかった。

そして、その音と同時にベランダに警棒を持ったオッサンが現れた。

最初は瞬間的に、

「あ、これはタタキ（強盗のこと）か？」

と思ったが、玄関のドアからも「バカーン！」って音が聞こえてきて、20人ぐらいの〝どう見てもカタギには見えないオッサンたち〟がなだれ込んできた。そして令状を示されて、

「阪本だな、家宅捜索するからな」

そう言ったのだ。

後輩の逮捕で、俺は内偵されていた

「コイツら、刑事かよ」と思った。

それで、初めて自分の状況が理解できた。ガサ状を示されて、家のガサが始まった。だけど、俺の部屋からは1グラムも薬物は出てこなかった。

「終わったならさっさと帰れよ」

そう言っていると、今度は俺と彼女の名前が書かれた逮捕状が出された。

逮捕状には、「和深鯨」と、大麻230グラムを共同所持したと書いてあった。見た瞬間、東京

の池袋で職務質問に遭って捕まった後輩にチンコロされたなってすぐにわかった。

俺は２０１７年９月に、ミナミのクラブで暴れて傷害事件を起こし、凶器準備集合罪で逮捕されている。川越少年刑務所に収監され、出所後に音楽活動をはじめていたが、活動には金が必要だったので大麻の売買を再び手を染めていた。

「ストリートで誰よりも金を稼いで、誰よりも危ないリアルから生み出したヒップホップにしたい」

そう思っていた俺は、量も２~３カ月で数キロを売りさばくようになっていた。大量の大麻を芸能、音楽関係者、ＡＶ女優などに売って生活していた。

俺は、もともと欲深い人間だ。おまけに派手好きでもあるので、関西だけでは満足できずに関東にも商売の手を広げ、六本木を中心に外国人と地回りとの間持ちをしたりして、とんでもない量の薬物の売買、いわゆる〝ハスリング〟をしていた。

仕事が順調と思えた矢先に起きたのが、この事件だった。俺と待ち合わせしていた後輩が昼間、池袋の路上で職質に遭い、２００グラム以上の草と大量のＭＤＭＡを持っていたため、即逮捕されたのだ。

俺からすれば、〝裸で北極に行く〟のと一緒。マジでカンベンしてくれよって思ったけど、パクられちゃったもんは、もうどうしようもない。だから、とりあえずパクられた後輩のところに弁護士を飛ばした。

「黙秘するから安心してくれ」

後輩のところに行った弁護士は、そう伝言を頼まれたらしく、その代わり、差し入れなどをたくさんお願いしたいと言っていたと俺は聞いた。まあ、もともと一緒に商売していたやつなので、俺もできるだけのことはしてやりたかったし、パクられた後輩にも自分自身の責任を男らしく感じ取ってほしかった。

俺自身、そいつが職質でパクられたことについて文句を言うつもりは、正直なかった。アンダーグラウンドな世界で生活していたら、思いもよらぬトラブルが起こることなんて日常茶飯事だし、そういうトラブルも全部、いいことも悪いこともひっくるめて、そいつとはつるんでいたかった。だから、もし急なトラブルに見舞われても、自分の責任はすべて背負って立ち回らなければいけないと思う。それは、一般社会でも裏社会でも、同じことのはずだ。

でも、その後輩は、そういう〝大切なこと〟が理解できないやつだったみたいで、俺が飛ばした弁護士に嘘をついてウタってたようだった。

俺とは関係のないやつがパクられたとき、刑事が「アビスの阪本が草をバラまいてんだろ?」って言ってたらしく、そのあたりから俺の内偵がはじまったようだった。

なぜ俺の彼女までパクるのか？

俺がどうして裏切られたかっていうと、関東に関西の人間を引っ張り込んで、ああでもない、こうでもないってやっていたから、「なんでアイツだけ金持ってんだよ」っていう妬みや恨みを買っていたんだろう。それで、俺といつも一緒にいた彼女に対しても似たような僻みが集まり、一緒にチンコロされて共犯にされたんじゃないだろうか。

そして、これはあとから聞いた話だが、逮捕された後輩は俺と彼女のことだけじゃなく、まったく関係のない地元の友達のことまで全部ゲロったらしい。結局、そいつはストリートでも中途半端なことばかりやっていたやつだし、自分の嫁の金を使い込んで困っていたときには俺が地元のツレということで助けてやったこともあったのだが、それも裏切られる形で終わってしまい、それが何より残念だった。

でも、俺がパクられたのは、すべてがそいつのせいだとは思っていない。実際、俺の普段の品行はお世辞にもいいとは言えなかったし、人との付き合いや関係が間違っていた部分もある。

当然、人より目立っていれば、トラブルになりそうなこととは常に向き合っておかないといけないけど、俺自身、そういうことがまだわかっていなかったんだと思う。その意味で、勉強になった出来事でもある。

今回の勾留でいちばん気になっていたのは、やはり、一緒にパクられてしまった彼女のことだ。このガサ入れの前の内偵が入っていたとき、まず俺の彼女ってことで警察に一番目のターゲットにされていて、彼女名義のスマホのGPS機能を経由して警察に行動を監視されていた。

俺は常に自分名義のスマホを使っていないから、どこにいるかわかんねえってことで、自分の彼女のことを監視していたら芸能関係者ってことがめくれて、トピックがもう一つ増えてしまったっていうことだったんだと思う。警察からすれば、俺のような何回も逮捕歴のある半グレをパクるだけでも大きなニュースになる予定だったのが、某有名芸能事務所に出入りしている女までいたのだから、まさに棚から牡丹餅って感じだったんだろう。

そのため、いつになくデカい予算が捜査のためにドカンとおりたみたいだ。だから俺の部屋の隣に2週間くらい泊まり込みで内偵も入っていたみたいだし、逮捕当日も東京から車で来た10人、新幹線で来た10人で、最終的に刑事は30人くらいになったんじゃないだろうか。

大好きなおばあちゃんの葬式の最中に…

俺と彼女のガラは、一緒に池袋署へいったん運ばれた。

あとからわかったことだが、俺をパクったのは組対五課（警視庁組織犯罪対策第5課）で、都内の留置施設ならどこでも使えたようだ。それなら俺は池袋署で良かったのだが、そこの留置場にはゲロった後輩がいるため、それで板橋署に留置されることになった。

それはともかく、逮捕された瞬間、彼女のことの次に頭に浮かんだのは、やはり家族のことだった。というのも、実はこの逮捕された1月17日の前日に、俺の大切なおばあちゃんを亡くしていたのだ。

母方のおばあちゃんで、初孫だったことから俺のことを自分の子供のように可愛がってくれたことを覚えている。だから俺も、中学のときとかも、おばあちゃんが家に来ているときは学校を休んで一緒にメシを食べたりしたものだ。おばあちゃんは、そんな俺を「また学校休んだんか?・」と言っては、笑顔で受け入れてくれる人だった。

小さい頃から、おばあちゃんの家にはよく泊まったりしていて、俺は悪いことばっかりするのに、本当によく相手してくれたと思う。おばあちゃんの家の犬のエサを全部、部屋にばらまいたり、襖を穴だらけにしてしまったり問題ばかり起こしているのに、いつも「も〜」って怒りながらも掃除してくれた。オカンはさすがに怒っていたけど、おばあちゃんは大きくなってからも2人いる孫の中でも俺のことを特別に可愛がってくれたと思う。

そんな大切な人が亡くなった次の日に逮捕されるとは、前回の逮捕のときとはわけが違った。おばあちゃんの葬式の最中に俺のニュースが全国に流れるわけだ。おまけに、両親も葬式の準備でたいへんな状況だった。このタイミングの悪さをマジで呪った。

しかも俺は、リスク回避のために自分名義のスマホを常に機内モードにしているから、おばあちゃんが亡くなったのを知ったのは、逮捕されるわずか数時間前だった。だけど、そんな事情などすっ飛ばして物事は進んでいくわけで、俺は板橋署で取り調べを受けることになった。

大阪から東京へ移送

ちなみに、面会に来た友達連中には、よくからかわれたな。

「パクられたとき、ええ顔しとったな」って。

自宅に池袋署の捜査員が来たとき、屈強な体付きの男が何人かいた。聞くところによると、大阪府警から「アビスの阪本を捕まえに行くのに丸腰は危ない」と言われ、柔道の猛者を用意したそうだ。

その後、新大阪から東京駅に向かい、そこで別の車に乗り換えて、池袋署に向かった。到着した池袋署で車から降りた瞬間、一斉に報道関係者からフラッシュをたかれ、「うわぁ～、ヤッバ」って思ってカメラを見たら、そんな俺の表情にカメラがぐーっと寄って、いかにも犯罪者みたいな映像に仕上がったというわけだ。

東京へ向かう新幹線の窓から見える景色は、朝なのに暗かった。きれいに見えるはずの街の灯りも侘しく見えた。車内の客は家族連れ、サラリーマンといろいろだったが、俺は虚しさとともに強烈な「劣等感」に苛まれた。

東京駅に着き、新幹線を降りて迎えの警察車両まで、どうやって移動したのか記憶がない。ただ覚えているのは、マスコミ対策のために警察官に囲まれて車に乗り込んだのと、池袋署に近付くと捜査員が慌ただしく連絡を取りはじめて、ひとこと、声をかけてきた。

「マスコミがかなり多いらしいから」

池袋署に入ると、すぐにマスコミ発表用の調書が取られた。

「女と俺は何も知らん。それ以外は話をする気は一切ない」

俺はそれだけ答えると、一通りの検査を終え、留置場に入ったのは深夜だった。

逮捕後に消えたやつと消えた金

逮捕後、周りにいたやつらは、ほぼいなくなった。逮捕された俺が弱っているとでも思ったのか、金を持ち逃げするやつもいた。

でも、これで良かったと思う。余計なものが全部なくなったから。今までは無駄だらけだったんだと思う。俺のやり方に、強引に巻き込んでしまった人たちも多かったから。

留置場で考えたのは、ここからどう転がるにしても、もう俺にはラップしかないんだっていうことだ。だから、またラップできる準備だけはしておくんだっていう考えに至った。

もちろん、俺がビジネスをしていた中で下手を打ったのは間違いないから、今後はもっといろいろなことに誠意をもって向き合わなければいけないと思っている。謝るべき人には謝らなければいけないし、それをすべて許してもらえるかはわからない。

それはどうしようもないことだけど、ただ自分がどうあるべきかと改めて考えたときに、この本を書くことで新しい一歩を踏み出せるかもしれないと思い、それを体現できるタイミングをもらえた俺は、なんて強運なんだっていう話だ。

降りかかるどんな物事も受け止め、改めてラップしていこう——たった24年だけど、俺という人間のこれまでの人生すべてを洗いざらい書いていこうと思うので、反面教師としてでもお役に立てていただければ幸いだ。

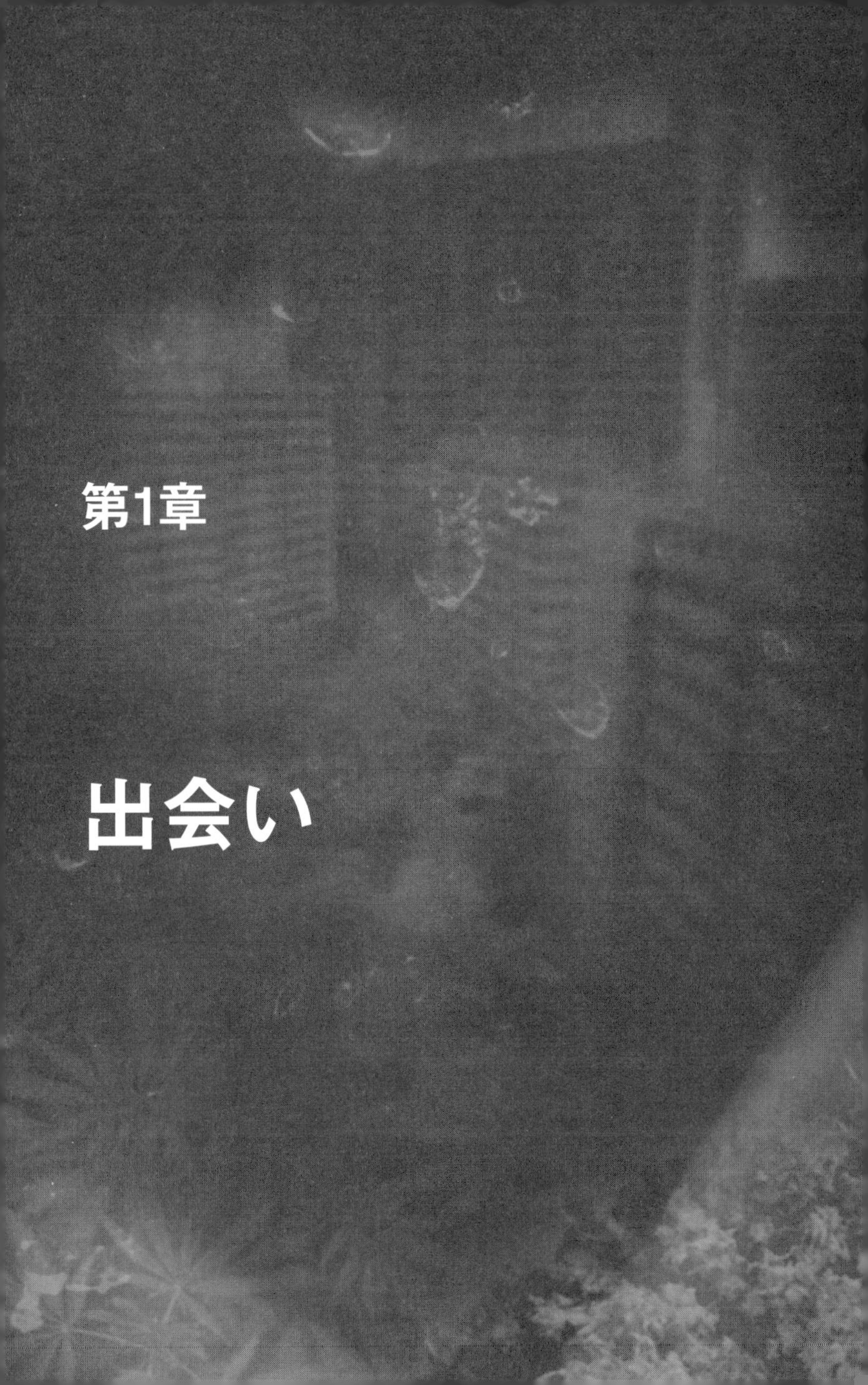

第1章

出会い

武庫川団地…なんか孤独

俺の名前はDATURA——。

本名は阪本涼。地元の仲のいいやつらには、今でも「リョウ」と呼ばれている。

父親は兵庫県、母親は大阪府の出身で、2人は大阪で出会ったようだ。結婚してから兵庫県西宮市の社宅で暮らすようになり、その後、俺が生まれた。それが1997年5月1日の話。

生まれた場所は大阪府枚方市で、母親がいわゆる里帰り出産をしたらしい。けど、育ったのはずっと西宮市の武庫川団地っていう、関西が誇るマンモス団地だ。

西宮は、あの阪神甲子園球場があるところで、六甲山の麓には高級住宅が建ち並ぶセレブな街って思い浮かべる人も多いことだろう。けど、俺が育ったのは海沿いにバカでかい団地が建ち並ぶエリアで、その団地には多種多様な人間が入り乱れていた。ホンマ、おかしいやつばかりだった。

団地のそこらじゅうに自殺防止ネットが巻いてあって、なかなか信じてもらえないだろうが、危険ドラッグとか注射器の袋とかがいたるところに落ちているような地区だった。まさに、石を投げればポン中に当たるような街で、いまだに薬物中毒死とか子供の虐待死とかが普通に起きたりしている。

俺の周りの友達はほとんどが団地とか市営住宅に住んでいて、母子家庭とかヤクザの息子ばっかり。でも、生まれてすぐに住み出した俺にとって、それが普通だった。

俺の両親も共働きだったため、小さい頃は家にずっと一人だったし、正直、寂しさを感じたことも否定はしない。幼稚園の頃から保育時間を延長されて、仕事を終えた親が迎えに来るっていうスタイルだったけど、俺の迎えが来るのはいつもいちばん最後。一人ずつ友達が帰っていくのを眺めて、最終的に一人で遊んでいたところを、やっとオカンが迎えに来る感じだった。そのときのことは、今でもよく覚えている。

子供心に、俺も家庭の金銭的な理由などは理解していたし、それを理由に親を恨んだことなんて一度もない。俺の周りはホンマに片親が多かったし、みんな我慢して弱い部分をぜんぜん見せなかった。

悲しいことは、みんなあったんだと思う。でも、それが普通だったのだ。今考えたら、その「普通」って、悲しいことなんだとわかる。けど、5～6歳のガキに、理解しろということが無理な話だ。

普通が悲しい。そんな意味、わかる?

俺は、自分が孤独だって感じたことは一度もないけど、心のどこかにはあったと思う。昔から孤独など知らないし、もしかすると一人が好きなのかもしれない。

いっぱいの仲間といても、なんか孤独——。

だから、その寂しさをまぎらわすために、いろいろなことをやらかす。楽しいことばっかりを考えて、友達集めをしていたのかもしれない。それを延々とやっているから孤独を感じたことがないし、次から次へといらんことを考えるから、俺の周りには人が集まるのかもしれない。何かをやっていないと孤独がどんどん大きくなっていくから、何をやるにも寂しいって気持ちをまぎらわすために頑張ろうと思えた。

ビビらせたいって思った相手は「孤独」っていう感情なんだと思う。

俺はもともと内気だったけど、別に一人じゃないのに一人ぼっちな気がして「目立ったろ」って精神もガンガン大きくなったし、絶対に負けたくない、自分がいちばんじゃないと気が済まないっていう気持ちが生まれた。

そっからは、もうたいへんな負けず嫌いになった。

運動会の徒競走で負けても泣いてたし、いまだにゲームで負けたらけっこう本気で怒ってしまう。恥ずかしいけど、「有名になったら一人じゃないやろ?」って思ってたのかもしれない。

でも、そんな気持ちも考え方も、自分で意識したことは一度もない。俺の周りにはいつも大切な人がいてくれたから。

それでも、心理的には孤独なんだろうなと思う。だから、子供ながらに「有名になりたい」って思ってたのかもしれない。そう考えると、マジで環境ってコワいな(笑)。

幼稚園、悪ガキ、貧乏

子供の頃から、俺は近所のおばちゃんたちにサインをしてあげていた。グッチャグチャの、「涼」って書いたやつだ。

「俺、芸能人なるから今のうちに書いたるわ」って（笑）。

当時から、俺は芸能人になりたいと思っていたのだろうか。とにかく、有名になりたいからあげるわって感じだ。今考えると何の根拠もない、アホやでな（笑）。

俺の地元には、貧乏な友達がホンマに多かった。貧乏スタイルが武庫川団地の特色だったし、俺の友達は金がなくてもみんな強く生きていた。全員が貧乏なのをなんとも思ってなかったし、それは今も変わらないはずだ。

それに、日常が悲しいぶん、「見返したる」という気持ちでみんないっぱいだったと思う。だから、俺自身も今までめげずにやってこれたのだろう。

今の世の中、小学生が「俺の家、貧乏やけど」「俺んちはオカンいいひんで」などと、平気で言えることってあるのだろうか。そういうことを口にした途端、イジメの対象になったり、かわいそうな子って思われたりするから、ほとんどが隠していると思うし、詮索も必要以上にしないんじゃないだろうか。

　でも、俺らはそれをあっさり言ってたし、別に誰も驚きもしなかった。

「え？　おまえもオトンおらんの？」

「おまえも？」

「俺んちはオトンおるけど、今は刑務所行ってるわ」

とか。そんなんが普通だと思ってた。

　でも、それって、ぜんぜん普通ちゃうやん。

　それが、強いところであり、悲しいところだ。

　そんな環境についても、両親が共働きのため家でずっと一人ぼっちだった理由も、今になれば全部わかる。

　ここまで育て上げてくれた両親には、ホンマに感謝している。単純に、今までさんざんむちゃくちゃ生きてきた俺を見捨てず、支えてくれているのは奇跡だから。

　オカンが言うには、俺は幼稚園のときにはもう悪ガキだったらしい。年齢で言えば、4歳か5歳。おまけに毎日、どこか怪我していた。手が切れて、足を擦りむいて、たまに友達にも怪我させて…。

　とりあえず、毎日なんかしらやらかして、オカンか先生に怒られていた。怒られない日がないくら

い、ずっと（笑）。

まあ、当時から確かにヤンチャはしていた。ジャングルジムの上から大量の石を落としたり。幼稚園の庭に深さ1・5メートルくらいのバカでかい穴を掘ったり。そんなことを小学校3年生くらいまでひたすら続ける少年だった。だから、小学校の先生が、家に毎日電話をかけてきた。

「阪本と遊んだらあかんぞ」

そんな俺たちだったから、俺らに向けて後ろ指さしてくるようなやつらは、山盛りいた。ここの地域で生まれた時点でその対象だったし、悪ガキって理由だけではなく、俺のオカンやオトンを見て、「あの家の子と遊んだらあかんぞ」と露骨に言ってくる大人たちもいた。

確か、小学校5年生くらいのときのことだ。あるとき、ツレのコウスケとその友達ら全部で10人くらいで小学校の体育館の天井に穴をあけまくって遊んでたことがある。防

まだあどけない、小学校低学年の頃の俺。当時から友達は多かったほうだ

音設計の、小さな穴がいっぱいあって柔らかい壁。体育館の天井が全部なくなる勢いだった。

やっているときはテンションが上がりすぎて、やり終わってからやりすぎたことに気がついた。すぐ先生にバレて、全員が親を呼び出されて怒られた。

このときのことは、生涯忘れられない。親を呼び出される直前、俺以外のやつらだけが、なぜか先生に呼び出された。教室には、やったやつらと大場っていうオッサンの先生だけ。そこで先生は、「もう、お前らは阪本と遊んだらあかんぞ」って言ったらしい。

これを聞いた瞬間、俺は「殺してやりたい」と思った。ふざけんなって。

俺がいないところで、親が自分の子にだけ言うのなら、まだわかる。でも、先生がそんなことを生徒に伝えるのはあかんやろ。

「コイツ言いよったで。このオッサン、ヤバ！」

と、マジで思った。10人もいる中で、俺だけが悪いとハナから決めてかかる。今思えば文句は言えないが、さすがにこれはあかんやろ。

それでこのあと、俺のオトンとオカンが学校にやってきて、壁と天井を見るや、「あ〜、やりおったな。どないしてやってん?」と笑ってしまったらしい。すると、先生が「いやいや…」って（笑）。

俺のせいでオトンとオカンが謝りに行ったことは数え切れないくらいあるし、俺自身も多すぎて覚えていない（笑）。オカンが学校に菓子折りを持って謝りに行くことも、2〜3カ月おきにあったんじゃないか。

後ろ指

小学校のときから、同級生の顔に思いっきり石を投げたり、カツアゲをしたり。そのたびに、オカンは謝りに行った。

ある友達に「今日、遊ぼうや」って言ったところ、「お母さんに阪本とは遊んだらあかんと言われてる」と返され、なんかプッチーンときて、そいつに蹴りを入れたことがあった。倒れたそいつは打ち所が悪かったらしく、頭がパッカーンと割れてしまい、めちゃめちゃ出血させてしまった。その瞬間、「ざまあみろ」「やったった」ぐらいに思っていたが、なんせ血がごっつい出るもんで、ホンマに焦って怖くなった。小学生のときに、あんなに血を見たのは初めてだったから。

その後、怪我をさせてしまったやつの父親が、「どこのやつにやられたんや！」って学校に乗り込んできた。その父親は、俺のオカンのこととか、オトンがガラ悪い車に乗ってることや、ウチのことまでけっこう知っているオッサンだった。

「やったやつ、誰や〜！」

職員室からそのオッサンの怒鳴り声が聞こえてきたので、俺が入っていったところ、

「阪本くんか…」

と、ちょうど俺の名前が出てるところだった。それで、俺の顔を見るなり、

「やっぱりおまえか〜!!」

って言ってきた。その瞬間、

「やったった」

って確信した。

俺にとって、小学校時代に得たものはデカかったと思う。違うクラスのやつらとも仲良くなったりして、この街で一緒に生きていく仲間を自分で選んだ。そういうやつとは、悩みから何から全部分かち合えた。

どんなにイキがっているやつでも、家に金がなくて家賃を何カ月も滞納しているとか、子供の頃からそんな話も普通にできた。みんな同じ団地だから、家の間取りも同じだし、隣の家のこととかそれぞれの家庭の事情を自然と理解し合える環境だった。

ウチは、8歳のときにオトンが無理して家を買ったから一軒家住まいだったけど、社宅に住んでいたときにそういうのを経験していたから、そのへんに敏感だった。

俺らは、ほかの地域の普通の環境のやつらとは、絶対に違う。この団地でよそではできない勉強をしているし、子供なりにみんな自分の家の事情をわかったうえで頑張っていたから、「ホンマに

大切なこと」にどんどん気づいていった。

子供ながらに、俺んちはオトンがおらんとか、ウチは今、親父が刑務所に行っているとか、自分の家は困難やってみんなそれぞれ考えていたはずだ。そんなことを日々考えていたから、俺たちはほかとは違うと思っていた。

コウスケ

そんな毎日を過ごしていたこの頃、常に一緒にいたのがコウスケだ。

コウスケとは、友達の中でもいちばん付き合いが長い。鳴尾東小学校に入学したときからの友達だ。みんながサッカーとかをしている中で、俺らはずっとワケのわからん、いらんことばかりしていた。

でも、どっちかと言ったら、俺もコウスケも内気なやつだった。みんなが楽しそうにしている輪の中に入っていくのが苦手だったと思う。俺は、今でもそうだが…。

コウスケは、年が一つ下なので、クラスも一緒じゃなかった。それに、周りにはほかにも友達がたくさんいたのに、なぜか小学生のときはコウスケと遊んだ記憶しかない。それはなぜか、わからない。しかも、最近はなかなか会ったりもできていない。なんか不思議な関係だな。

コウスケは、兄ちゃんが2人いて、とりあえずタフだった。ジャングルや無人島でも、一人で生きていけるタイプ。真冬の12月とかでも、コウスケは常にTシャツに半パンという出で立ちで、おまけに何をするにもビーチサンダルを履いていた。

それなのに、走るのが鬼速い。ポリに追いかけられたときも、サンダルなのに絶対に捕まらなかった。

そんな子供の頃、夜の7時くらいになると、コウスケが何も言わずに帰っていこうとするから、声をかけた。

「どこ行くん?」

「サンダルどっか行ったから帰るわ。裸足やし」

サンダルがなくなると、戦意喪失するらしい。おまけに、真冬に半パン裸足だから、周りからはすごい目で見られてたし。

コウスケの家も家庭環境が複雑で、10歳のときに親父さんを亡くしている。そういうこともあって、俺が怒られるときには、いつもコウスケが一緒にいた。

サカモトリョウとオオシオコウスケ——。

小学校3年生くらいのとき、日常的に悪いことばっかりやっていた俺らは、呼び出されても理由がまったくわからなかった。2人で「なんやろな?」って言い合っていたが、台風の日に増水した川で2人で泳いでいたところ、水難事故に勘違いされてヘリでレスキュー隊が駆けつけたため、逃げたことだと判明し、マジで大爆笑したことがあった。

my homies

ガキの頃から好奇心が強く、行動力もやばかったと思う。

今じゃ考えられないことだが、小学校5年生のときに、西宮から淡路島までチャリンコを走らせたりしていたから。それで、島を一周したり。夏休みに行ったこともあったが、休みとか関係なしに、何回も行っていた。チャリで淡路島、やばいやろ(笑)。今の小学生からしたら、考えられないんじゃないだろうか。

淡路島には、中学に上がってからも行った。メンバーは確か、ユウ、ナオキ、コウスケ、それとジュンってやつだったと思う。

特に、淡路島に行きたかったわけじゃない。とりあえず、目的は海。海で泳ぐのがホンマの目的だった。でも、チャリンコで行ったため、みんな足がつってしまって泳ぐどころじゃなかった。みんな死んでた（笑）。

「行こう」って言い出したのは、絶対に俺だ。でも、真っ先に「帰ろう」というのも俺だった（笑）。

ホンマ、わがままっていうか自分勝手というか、ようみんな、俺と行ってくれたな。普通、ママチャリなんかで絶対行かないし、まして島一周なんか絶対やならい。

車で行ったら簡単だけど、フェリー乗り場までは遠いし、無理ムリ（笑）。

帰りは、自転車を捨てて電車で帰った。俺はオカンからあまり金をもらえなかったので、みんなに「あんま金いらんで」と言って、わずかな現金しか持ってこさせなかった。そんな状況でどこまでやれるかという感じが俺は好きだったのだ。

ジュースは何本とか、メシは安いのでとか、常にギリギリでいく感じ。そんな金のない状況を、俺なりに楽しんでいたんだろう。

限られた金で、どれだけやれるかというサバイバル。そんなめちゃくちゃなゲームだったけど、みんな乗ってくれたのだ。

ホンマはお金も多く持っていきたかったし、あったほうが助かったのは間違いない。だから、「あんま金いらんで」と言っても、みんなこっそり持ってきていた。それは俺も知ってたから、実際、ホンマにやばくなったところで、「ちょ…おまえ、ホンマは持っとるやろ?」って（笑）。

俺は、そんなゲームを常にプレイしていたかった。まず、俺が楽しみたいっていうのがいちばんにあるけれど、みんなと過ごすひとときをちょっとでも楽しみたかった。それで、ちょっとでも楽しみが増えれば、それで良かった。

そんな旅から家に戻ると、オカンに５００円もらって近くの銭湯に行く。鳴尾のいつもの銭湯。小さい、ガキのときからの、「クア武庫川」。

オトンやオカンには、

「アカンタレ」

「できそこなえ」

「川から流れてきた」

って言われて俺は育った。基本的に、ディスばかりだ（笑）。

「こいつだけは、誰に似たんかわからん」

そのポジションは安定していた。

それでも、俺はぜんぜん平気だった。

「それでええよ」みたいな。褒められてるんだと勘違いしてたからな（笑）。

中学で出会ったユウとナオキ

それから中学に入学し、そこで一緒にアビスに入るはずだったユウと出会った。

遊びだしたのは、ユウの友達のナオキって子に俺が、「おまえ、ケンカ強いらしいな」とか言って、一方的にからんだことがきっかけだ。

それなのに俺は、「もうええわ」って勝手に帰ってしまったのだが、なんでなのだろう。俺はただ、ユウとナオキと一緒に遊びたかっただけだったんだと思う。

ユウとナオキとは小学校も違うし、コウスケともまた違う空気を持ったやつらだった。この2人はサッカーがとんでもなくうまくて、ユウにいたっては西宮市で5本の指に入るほどの運動神経の持ち主で、おまけに背も高い。さらに女にモテるし、ハーフみたいな感じの男前だった。入学式も、金髪で目立ってたし。

一方の俺は、当時はめっちゃ小さかったし、運動も微妙、おまけに頭も悪い。そこは、ビビらせとかなあかんやろ（笑）。

この2人をシメたら、いいんちゃう？

それが、この2人にからんだ理由だ。どんな中学生やねんって思うけど（笑）。

今からしたら、ビビらせたろと思って2人にからんだけど、ホンマは俺のほうがビビってたし、

中学校に進み、徐々にヤンチャが始まっていく…

2人と仲間になりたかっただけだとわかる。ナオキにからんだことがきっかけとなり、ユウとは次第に、よく遊ぶようになった。

片親がどうとか家庭環境がどうとか言ったが、なんだかんだ言っても、この頃はまだみんな中学生で、夜になったら家に帰るのが当たり前だ。しかし、ユウは時間とかホンマ関係ないやつだった。だから、いちばん仲がいいとかそんなの関係なしで、いつも朝方まで一緒にいたのがユウだった。

世の中にはマジで男前なやつがいるということを知ったのもこの頃で、ユウはマジでその典型だった。1日一緒にいて、2人で遊んでいるのに、勝手に女が寄ってくる。ちょっと腹が立つくらい(笑)。

それでも、楽しかった。2人とも門限もないし、夜中だろうが朝だろうが関係ない。もう夜が明けているのに、2人でチャリンコを乗り回していた。

家になんか帰りたくない。おもんない。

何も言わなくても、2人の中で同じ想いが駆け巡っていることを感じ取っていた。

「コイツも、家に帰っても何もないんやろな」

そんな感じだ。

だから、俺がいらんことばかり考えて、「どこ行く?」「あそこ行く?」って一方的に口にして、それに対しユウが「あ〜、それアリ」「これも良くない?」とか、そういうノリだった。俺がいらんことを考えて何かやる、みたいな。

中学2年の秋頃、ユウと毎晩、鍵付きの原チャリとコルク半を探していた。2週間くらい、もう毎っ日。いつもユウと2人で真っ暗ななか、スマホのライトだけで原チャリを探して、チャリンコを漕ぎまくっていたのだ。

鍵がささったままの原チャリなど、滅多にあるわけがない。ところが、毎晩探していた俺たちを、神様は見放さなかった。

俺たちはついに、見つけてしまったのだ。鍵付きの赤いライブディオを！　しかもカゴ付きで、ようはガンガンのおばちゃん仕様。それをユウと2人で武庫川河畔に持っていき、乗る練習をしまくった。

あのときは俺もユウもテンションが上がりまくって、ドロの上で2ケツしてこけて。ドロだらけになっては腹を抱えて笑った。

どんなやつでも、俺が面白いことを考えたら、ずっと俺についてきてくれる。ずっと一緒にいてくれる。

あのときは、そう思っていた。

「1／2成人式」

ちょっと話はさかのぼるが、小学校4年生のとき、「1／2成人式」という行事があって、学校の先生が「親の似顔絵を描いてこい」と平気な顔をして言った。俺は、「それはあかんやろ～」って思った。配られたプリントには、父親の欄と母親の欄ががっつり2つあった。

「そんなもん、両方揃ってる家庭ばっかりちゃうぞ」

俺は、「1／2成人式」とかナメたことやってんちゃうぞって思っていた。これは、小学生のときからの俺の考えだ。

俺の友達は片親のやつばっかりだし、だからそういうことには敏感だったと思う。周りも、平気な顔をしているけど、本心は違うのかもしれんと思ってたしな。昔からそういうことを考えていたことに、悲しさを感じるよな。

ほかにも、先生たちが間違ってると思うようなことは、学校には山盛りあった。たとえば、「朝食をちゃんと食べよう」みたいな調査だ。

誰の家でも3食きっちり用意されてると思ったら大間違いだし、そこらへんは俺の家ですら適当だった。食事は特に用意されておらず、「家にあるものを適当に食え」というのが我が家のスタイルだ。

俺も一切不満などなかったし、もっといいものが食いたいとも思わなかった。ご飯にお茶でもかけて置いといてくれって感じ。

それでも、学校の先生に「栄養バランスを考えて食べなさい」と言われたときには、心の底から「黙れ」と思っていた。「文句を言うならおまえらが俺の家に来てメシを作れ」と。

この頃から、ある意味、反社会的な考え方だよな（笑）。

ただ、毎日いいものを食っていたわけではないけど、食い物に苦労したことは一度もない。そのことでも、俺は親にホンマに感謝している。オカンにも、「ごはん、食いや」って言ってもらってたし、いいものは食ってなかったとしても、うまいモンで腹いっぱいになっていた。

金がないなら、みんなで安いメシ食ってお腹いっぱいになったらええんちゃう？

俺は今でもそう思う。それで、金を持ったらみんなでいいもん食えばいいと。それが家族とか仲間やと思っている。

ええやろ、別に家族でカップラーメン食ったって（笑）。家族とか仲間が全員いたら、それだけで十分。俺は、いつまでもそうありたい。

何が言いたいかというと、もちろん、俺は普段から金持ちになりたいと言っているし、そのためにラップもしている。金は欲しいし、大事に思うし、実際に必要だ。世の中、綺麗事を言っても、結局金だと思う。それでも、金より大事なものがあるっていうことだ。

俺は、金より大事なものをもう見つけているが、だからこそ、俺は金が欲しい。「世の中、金」って言い切っている銭ゲバ野郎に、「世の中、金だけちゃうわ、ボケ」って一生言えるようにならなくてはいけないと思うのだ。

でも、いちばん大事なのは、カップラーメンでも臭いメシでも食える、昔からの仲間だ。それがいちばん大事なところだ。

iori

理由はまったくわからないが、俺の友達の7割ぐらいは母子家庭の出身だ。コウスケも、イオリも、リュウもそう。鳴尾にずっとおる仲間はみんなそうだ。俺の友達は、みんな片方の親を見たことのないやつばっかりだった。

イオリとは、中学校の入学式で初めて会った。出会った次の日には、もうイオリの家に行っていた。それは、こいつの特別な才能だ。

いろいろなやつがいる中で、いきなり俺らみたいなはみ出し者が「友達なろや〜」って自然と集まる。それがイオリだ。

こいつは、ほかのやつにはない「ニオイ」を放っていた。中学生にしてちょっと、パーマをあてていたし、モトクロスもやっていたし、ブーツを履いていたりで、流行に敏感なのだ。それは、当時の俺には衝撃的だった。ブリーチとか、そういう不良のおしゃれが時代遅れに感じた。

俺も、オカンの服のこだわりとかを見て育っただけに、そういうおしゃれに対する感覚は持っていたつもりだ。だけど、普段はジャージばかりという俺らにとって、イオリはちょっとイケていた。だから、俺もこいつは面白いと思って、いきなり「友達なろけ?」と言い返せた（笑）。中学1年で、そんなやつ、なかなかいない。

その頃、俺はレゲエに興味を持っていたのだが、イオリの家に行ったところ、レゲエのフライヤーのどでかいポスターが貼ってあった。それでまた、こいつはヤバいなって。「そういうセンスまで一緒?　ヤリおんなぁ」って（笑）。

特大のフライヤーのほかに、CDもめっちゃ持っていた。それを借りて、俺もよく聴いたものだ。イオリもきっと、俺と出会って変わっただろう。俺の人生も変わったから。

そんなイオリは、親父について、こう言っていた。

「親父?　いや〜、見たことないし、知らんぞ」

俺が、

「ほんなら、いつからおらんのや?」

って聞いたら、普通に、

「気がついたときからや」

でも、俺らはみんな言っていた。

「そんなん、どうでもええねん」

親が別れたり戻ったり、新しいオカンが来たり、そんなこと、どうでもいいことだった。みんなそうだ。家のことなど、どうでもよかった。外に行けば、横には仲間がいたから。

家でゲームとかをした記憶など、あまりない。家では、ただ寝るだけ。今思い返してみると、毎日どこに行っていたんだろうか。

西宮市立鳴尾南中学校

中学3年までは、俺も基本的に毎日、学校には行っていた。

西宮市立鳴尾南中学校。あんまり学校に来ないヤンチャな友達も多かったけど、俺は学校は好きなほうだった。行かないと、オカンにも怒られるし（笑）。

そんな俺の学校生活だが、授業にはいちおう出ていたけど、勉強をしたことはない。授業中、何しとったんやろな、いったい（笑）。ほとんど記憶がないのだ。友達のクラスに行ってはいらんことをしてみたり、それぐらいの記憶である。

この頃は、通知表なんかもらっていないし、誰かに見せたこともない。オカンに通知表を見せようとしても、「どうせエントツ（1）とアヒル（2）の大行進やろ?」って、捨てられるのがオチだから、家にもない。

ということで、俺の通知表は、いまだに行方不明。まあ、たぶん家族や友達で俺の通知表を気にしているやつもいないと思うが。

そんな俺だったが、一度だけ、先生に「俺、高校って行けるん?」って聞いたことがある。返ってきたのは、こんな言葉だった。

「阪本、俺の口から言わすな」

和田先生と小浜先生、行けへんってあんなはっきり言うなよ！　一生、忘れへんわ（笑）。

まあ、通知表もない俺をどうしろっていうんだってことなのだろうけど。

大阪連合

そんな中3の終わり頃、東淀川に住む俺の友達が、木刀でボコボコにされるという事件が起こった。

俺の小さい頃の友達が大阪の東淀川区にいて、その繋がりで東淀川区の「影楼《かげろう》一家」っていう暴走族に友達ができ、そいつが木刀でボコボコにされてしまったのだ。

そのときの相手が、のちにアビスの母体となる「大阪連合」だった。俺はこのとき初めて、その存在を知った。

でも、そのときの俺は、ボコられた友達には気の毒だが、「へぇ〜、そんなやつらがおるんや」という感じで、特に気にも留めなかった。

隣の街のやつと友達になるって、同じ西宮市内でも珍しいけど、なぜか俺は大阪のやつらと気が合って、特に東淀川、西淀川の連中とは週1回は必ず遊んでいたし、今でも交流を持っている。

大阪の中学って、ホンマにヤンキーだらけ。俺らの地元も治安は良くないが、それでも大阪の荒れている地域はレベルが違いすぎた。その中でも大阪連合は、鶴見を拠点に大阪じゅうの各地域の頭が集まって構成されたグループだった。まさに、ホンマの不良の集まり。

だから、有名な不良が山盛り。俺らが穏やかに見えるくらいだ。

SIXTEEN

中学を卒業し、16歳になった俺は、さらに大阪のやつらと距離が近くなり、ほぼ毎日、大阪にいるようになっていた。そのときは、地元の連中とよりも遊んでいたはずだ。

でも当然、仕事もしていないんだから、金もない。なので、一台の原チャリに何人乗れるかとか、ピザのデリバリーバイクからピザを盗むとか、アホみたいなことばっかりやっていたことを覚えている。

いつも西淀川のやつら30人くらいと遊んでいて、全員が家出しているような状態だったから、いろいろなやつのところを泊まり歩いて、とにかくずーっと一緒にいた。

金がなくなっても、誰かが何かしら盗んでくるからなんとかなる、そんな生活だ。ずーっといた西淀川区、懐かしいな。

そんなとき、西淀の連中が大阪・アメリカ村のクラブ「NEO」ってところでイベントをやるということから、俺にも声がかかった。中学生のときから大阪・ミナミのクラブにイベントのパー券を売ってもらったりして、客としてはパーティーに遊びに行ったりしていたが、せっかくってことで、俺は地元の友達に声をかけて行くことにした。

アメ村の真ん中にある「NEO」は、当時の俺には大きく見えた。

そのときのパーティーには、西淀の頭のやつらとかも来てて、そいつらが呼んだのかはわからないが、あの大阪連合のやつらも来ていた。つまり、このときが、のちのアビス幹部らが自然な形で顔を合わせた初めての機会だったのかもしれない。まさか、このあと彼らと仲良くなるなどと微塵も思わなかったが。

このパーティーのときに、俺の地元のショウタロウというやつが、西淀の頭と些細なことからケンカになった。

そのとき、俺が何をしていたかというと、いちばん前で酒を飲んでノリノリで踊っていたのだ。なので、何が起こったのかもわかっていなかったが、そこにいた西淀の友達がいきなり、

「涼！　おまえの友達がなんかモメてんぞ」

と言ってきて、ようやく気づいたのだった。

「(マジかよ…。正直、コイツらとはケンカしたくねぇな〜)」

それが俺の正直な感想だったが、ショウタロウがモメてＶＩＰルームに連れていかれたと聞き、仕方なく俺も向かった。

ＶＩＰルームにはショウタロウと、大阪連合のやつら、そして西淀の頭たちがいた。

とりあえず、ショウタロウにケンカになった理由を聞いたが、肩が当たった、当たってないのレベルの話からヒートアップしてケンカになったことがわかった。正直、どっちが悪いとかでもない話だ。

俺はショウタロウにひとこと、「謝れ」と言った。ショウタロウも地元じゃケンカも強かったし、引くのはイヤだったかもしれない。俺も勢いだけは強いほうだったから、それまでに勝てないケンカもしてきたし、なんなら引いたら負けだと思っていた。

勢いだけは絶対に負けない、そう思っていたし、それまでも勢い任せに生きてきたためド突かれ

ることだって山盛りあった。それなりに修羅場もくぐってきたと思っていた。

でも、このときだけは、俺の直感が「これはヤバい」と警告していたのだ。

シン中もポン中も、おかしいやつは団地でさんざん見てきて、それなりにタフに生きてきたつもりだったけど、このときばかりは話が違った。だから、ショウタロウを説得して話を丸く収めることにしたのだ。

西淀の頭も、「何やねん、涼のツレかいや。んならもうエエわ、帰れ」と言ってくれ、何とか丸く収まった。

最初の出会い

とはいえ、モメたのは俺の地元の友達で、ちょっと責任を感じていた俺は、周りにいた連中に「俺の友達がごめんな～」と謝ってまわった。すると、「なんやねん、なんでおまえが何を謝ってんねん」と言ってきたやつがいた。でも俺はそいつの言葉を聞き間違えて、「何言うてんねん。関西弁しかしゃべれへんゆうねん」と言ったら、そいつは一瞬、「は?」みたいな顔をしていたが、俺が聞き間違えていることに気づいて爆笑しだした。

そいつこそ、アビスでのちにいちばん仲良くなるS・Yだった。

爆笑されたことで俺も笑けてきて、俺たちは一気に仲良くなった。

「いつからパーティー来とんの？」

「地元どこなん？」

そんなとこだ。

S・Yは、パッと見ても、惹かれるような華のあるやつだった。それで、俺はS・Yにいきなり
「連絡先、教えてや」と言った。直感だった。

これは、このあとの話になるが、俺はS・Yに誘われてアビスに入ることになる。今、俺もS・Yも塀の中。俺の友達は、常に誰かが檻の中にいる状態だ。

パクられても借金が増えるだけだし、何の得もありはしない。俺たちの仕事は、そのときは何十万、何百万と一気に稼げるかもしれないが、罰金とか、金が飛んだりとか、捕まったら一緒なのだ。

でも、生きていくには金もいる、やっぱりみんな、苦しんでいるんだと思う。だから、あと先のことを何も考えずにやってしまうのだ。

「また何か違うことやってんな」

そう思ったら、また別の誰かが新しいことを編み出して、最終的にみんなでコケる。それが、大阪・ミナミって街だ。

この街の悲しい現実が、このあと、俺の友達にも降りかかってくるのだ。

第2章

結成

人生初の逮捕

「NEO」でのことがあったり、地元で暴走族を結成したりしているうちに半年くらいが経った2013年10月9日、実家に大阪から刑事がやってきたことがあった。

その前の8月か9月頃、西淀のやつらが何人かパクられていたので、いずれ俺のところにも来るだろうということは予想がついていたが、いちおう、「何のこと？　逮捕状出てんの？」と聞いた。すると、刑事が「西淀の件や」と言ったので俺も観念して、刑事と一緒にガサ入れして荷物をまとめた。

当時、西淀では俺を中心に悪いことばかりしていたし、暴走族をやっていた時点で捕まるのは決まっていたようなものだった。やっているときはそんなこと考えもしないのだが、それでも心のどこかでいずれ逮捕されてもおかしくないということは覚悟していた。最終的に、いつか俺もパクられるんだろうなって。

このときは、逃げるなんて考えもしなかった。どっちみち一緒やろって思っていたから。

10月9日に捕まり、西淀川署に行って、此花署の留置場に2日だけ入れられた。その後、大阪の鑑別所で取り調べを受けながら裁判を待った。

俺の人生初の逮捕の罪状は、共同危険行為と窃盗。このときの俺は、パクったバイクのフレームを入れ替えて友達に売りまくるなど、しょうもないこと7件ぐらいが発覚したため、鑑別所には2カ月くらいいた。だが、俺の仲間はみんなまとめてパクられたため、送られた鑑別所は友達だらけだった。

俺のところには、地元の友達や大阪のやつらから、手紙が何十通も届いた。それを見た看守から、「この手紙は入れられん、ムリや」「なんでおまえに手紙なんか送ってきよるん」とか嫌味を言われ、めちゃくちゃ腹が立ったことを覚えている。

ティッシュの手紙で文通

鑑別所では、大阪連合のやつらとも会った。

顔見知りを見かけ、「あ! こいつもパクられとんのや」と思った俺は、風呂の時間か運動の時間に声をかけようと画策した。鑑別所は、基本的にしゃべることは禁止されている。そのため、堂々と話しかけることはできないが、声を出さずに口パクで会話するぐらいならできると思ったので、風呂のときに実行した。

俺が口パクで、

「(オボエテル? NEOデ会ッタヤロ?)」

と話しかけると、そいつも気づいて、

「(オー、次、手紙渡スワ)」

と、意思疎通に成功した。

俺は手紙などムリだろうと思っていたが、次の風呂のとき、そいつはティッシュペーパーにボールペンで文字を書いた見事な手紙を渡してきた（笑）。それから毎週、そいつとはティッシュの手紙で文通するようになった。

鑑別所では、トイレで使えるティッシュは1日20枚と決まっていて、一度に7日分、計140枚を渡される。なくなった場合は追加で申請できるが、基本はこれで済ませる。その1枚をめくって文字を書き込み、めっちゃきれいに折りたたんで、小さくして渡すのだ。

強く書くと破れてしまうので、薄く、そしてきれいに書く。鑑別所での最後の2週間は、その大阪連合のやつと入浴場ですれ違うたびに手紙を渡し、人生初の文通に励んでいた。

人生を変えた「アビス」との出会い

すると、何度目かに手紙をやり取りしたところ、「〝アンモナ〟でイベントやるから来い!」と書かれていた。その数日後、運動時間中にたまたましゃべる機会ができ、「誰のイベントなん?」と話しかけてみた。

「大阪連合の人間らがやっとるイベントで、イベサー名は『アビス』」

これが、のちに俺の人生を左右することになる「アビス」の名を初めて耳にした瞬間だった。このアビス主催のイベントが、アンモナという箱で行われるという。

当時、大阪の不良たちの間では、イベサー（イベントサークル）を作ってイベントをやることが大流行していた。だから、大阪連合の人間たちも「アビス」というグループを結成し、地下で活動していたのだ。このときの活動は、パー券を売ったりすることがメインで、その利益目当てだったと思う。

アンモナでのイベント日時は、俺の出所の時期よりもあとだった。俺は、おそらく行けるなと思い、「じゃあ、アンモナで会おうぜ」と言って、そいつとは鑑別所で別れた。

その後、俺の判決が下されたのが12月16日。保護観察処分。

裁判にはオカンが来てくれて、いろいろと骨を折ってくれた。親が来たほうが裁判での印象が良くなると思い、来てくれたのだろう。判決が下された瞬間、オカンの表情がホッとしたのがわかった。そのとき、なぜか涙が出た。

裁判所の調査官っていうやつらは、鑑別所に来て1、2回しゃべっただけで、俺のことを調査し終わったような顔をしてたな。金がなかったから弁護士は国選をつけたけど、裁判中、ひとことも口をきかなかった（笑）。

出所、そして保護観察処分

鑑別所を出所した俺は、早速、いろいろな友達に連絡した。すると、地元のららぽーとにみんないると聞き、いても立ってもいられず会いに行った。

その日は、一気に30人ぐらいの友達と会っただろうか。みんなが溜まり場にしていたマクドに行ったら、そこも友達しかいなかった。

マクドは暴走族のときの集合場所だったことから、よく食い逃げや「ツケ払い、いける？」と店員をからかっていた。

「ちょっと待ってください」

店員にはそう言われるけど、

「また来るから、待っとけ」

とかフザけたことを言って、そのまま暴走に行ったりしていた。

そうやって、俺がツケといた分を、俺が逮捕されたあとにオカンが払ってくれたらしい。だから、ずっと溜まっていても見逃してくれていたのかもしれない。

みんなと会っても、最初はちょっと恥ずかしかった。しゃべり方を忘れていたのだ。

「……うん」

「……です」

ガールズバーの従業員たちと

みたいな感じ。初めて鑑別所という塀の中の暮らしから解放され、いきなり友達としゃべれと言われても、すぐに言葉が出てこないような感じだった。

オカンが家裁に迎えに来てくれたときもそうだった。なんか、めっちゃソワソワしたな。

これから、友達にも会わないといけなかったし、髪型も服もダサかったので、とりあえずどうにかしたかった。

オカンは俺がパクられてた大阪の鑑別所まで面会に来て、「アンタがココにおったら、家も静かで、安心して眠れるわ～」って言ってたけど、あとあと、胸にきたな。つまり、俺がパクられてたら、暴れたり事故で怪我をしたりする心配がないからだ。

まあ、確かにそうだ。俺が捕まっている間、絶対どこかで誰かが泣いているというか。今もそうやしな。

クラブライフ

鑑別所から戻った俺は、周りの状況とかも何もわからなかったので、とりあえずいろいろな人に連絡をしまくった。すると、西淀のヒカリちゃんっていう女友達が、ミナミの「ライフ」っていう箱でやるイベントに呼んでくれた。確か、16歳の最後ぐらいだったと思う。

さらに、ヒカリちゃんから「S・Yも『デビルメント』いうイベサーのNo・2をやっとるで」と聞かされ、俺もいろいろと気になりだし、ミナミの「ライフ」に行ってみることにした。

俺がミナミのクラブ「ライフ」に入り浸るようになるのは、こんなきっかけからだった。「ライフ」はミナミの心斎橋駅を出てちょっと歩いた飲み屋街の地下にある箱で、当時、イベサーであとあとアビスに関わる人間なら、誰もが一度は行ったことのあるクラブだった。

2013年とか2014年当時、今では考えられないことだが、未成年が主催する未成年中心のナイトイベント（21〜5時）が各所で行われていたのだ。俺はその頃に、のちのアビスになる仲間たちと出会い、毎晩、浴びるように酒を飲みまくっていた。

当時のアビスは、まだ半グレではなく、イベサーとして活動していた。のちのちアビスの幹部になる人間らも、自分たちのイベントグループを主催していた頃だ。

それを別の形でバックアップしていたのが、「強者」や「07（アウトセブン）」「レイトライザー」「ノーグッド」っていう、地下格闘技や旧車関係の環状族と呼ばれる人たちだった。そのため、当時のクラブには、それら関係者の人たちとも自然な形で顔を合わせることが多かった。

毎週土曜日に開催されていた「ライフ」「NEO」「サファリ」の3つ同時のイベントなどは、本当に楽しかった。俺は、その頃にはもう、客というよりは関係者として遊びに行っていた感覚だった。

とにかく、ケンカばかりのイベントで、一度ケンカが始まればマジでケンカ祭りとなり、なかなか終わることがない。クラブにはセキュリティーがいないから、クラブでケンカになると止めにくるのがイベントをバックアップしている関係者となる。その人らも血の気が多いので、結局、ケンカのレベルがヒートアップする。正直、苦笑いするしかなかった（笑）。


楽しそうなオレ（中央）。クラブライフ中の1枚

だが、当時のイベントは、俺の欲望を満たしてくれるものが揃う唯一の場所だった。仲間、女、酒、クスリ、楽しいものはだいたい揃っていた。俺自身、痛い目に遭ったことも一度や二度じゃないが、ミナミは地元・西宮以上のホームになっていた。

宗右衛門町「パロディ」

この時期の大きなトピックといえば、同世代のS・YやTとの出会いだったと思う。

2014年の夏頃、イベントでのシノギに限界を感じていた大阪連合の人間が、ミナミの宗右衛門町にバーを出店した。それが「パロディ」って名前の店で、各地域の有力者のバックアップもあって、すんなり開店できたという。

パロディには、アビスの人間を中心に、各イベサーで名前が売れている人間が働いていた。S・YもTもN・Kも、この頃からアビスの人間として活動しはじめたんだと思う。

このときは、〝大阪連合の人間が作ったアビスっていうイベサーのお店〟っていう感じ。アビスの名前がかなり浸透していた。

俺は、前々からイベントなどで仲の良かったS・YやTが働いていたし、安く飲ませてくれたこともあって、このパロディに入り浸っていた。するとある日、S・Yが俺に「涼もウチで働けよ！そんな毎日来るんやったらさ」と声をかけてきた。

パロディのオーナーである「深海くん」についても知っていたし、正直、その頃の自分の生活に飽き飽きしていた。それに、このパロディってバーをバックアップしていた先輩らは、俺なんか相手にならないくらい代々、気合いが入った人たちばかりで、アビスもイベサーからの叩き上げで、実力で開いた最初の店だったたし、いろいろな思い入れのある店だったのだ。それは、すごく大事なものだった気がする。だから、俺らより若いやつらにも、「絶対どこのグループにも負けんな」って言ってあったし、みんな気合いも入ってたし、とにかくイケイケだった。絶対、毎日何か事件が起こるし、とにかくワクワクしていた。

だから、俺もアビスの店で働くことにしたのだ。

「アビスじゃボケコラ!」

この頃のパロディは、まだガールズバーではなく、セット料金のある普通のバーだった。接客するのは、俺たち。ほかのイベサーの女とか地元のやつらとか、毎日客は山盛りだった。さらに、朝方にはホスト好きの頭のイカれた女たちも山盛り来た。

毎日、酒を飲み、ケンカして、女の相手をして、たまに客と料金トラブルになってみたいな日々。だけど、S・Yたちと毎日一緒にいて、ホンマに楽しかった。

俺はそのときから〝ハスラー〟として、ミナミを中心にドラッグの売買もはじめていた。週末には、「今日、ヒマだからパロディ行っていい? ついでに×××もいける?」みたいなノリで。

あの頃、俺が使っていたのは、ソフトバンクのプリペイド携帯だ。それをダークウェブの「Ｏｎｉｏｎちゃんねる」や「プロキシチャンネル」系の裏掲示板に貼り付けて、客もとっていた。次第に俺自身のネットワークもどんどん勢いがついて、ミナミの街に立つキャッチやスカウト、ホスト、そっち系の人を中心に、バンバン商売を広げていた。

普通だったらキャッチやスカウト、ホストには縄張りがあり、ミナミの街でも商売できる範囲は決まっているし、それを破れば当然、トラブルになる。でも、俺たちは「アビス」の看板を背負っている以上、引くわけもない。トラブルになるのもすべて把握したうえで、ガンガン勢力を拡大していった。

そんなスタイルだったから、路上でトラブルになることなど日常茶飯事。でも、深海くんからは「絶対に引くな」と言われていたし、俺自身も鬼負けず嫌い。そら、ケンカになるで（笑）。

ある日、俺が路上で商売をしていたら、客がかぶったことが原因でトラブルが起きた。

「おい、おまえ、それウチの客やぞ」

「あ？　知るか。おまえも客にしてまうぞ」

「おまえ、ナメとんか、どこの人間じゃ！」

「アビスじゃボケコラ！」

こんなことを繰り返しているうちに、年下の一人がド突かれたことがあった。当時はまだ、「アビスや」と言っても、モメてくる人間もいたのだ。だから、俺がその相手をド突いた。しかも、警棒で頭をカチ割った。

相手は、絶対にド突いたらあかん系の年上。その男も、さすがにこれでブチ切れて、俺も大勢に囲まれてボコボコにされた。缶ビールとか蹴りとか、いろいろな物が俺めがけて飛んでくる。でも、何度ド突いても俺が立ち上がってくるから、「なんやねん、コイツ…」みたいな感じになった。

それで、「なんやねん、おまえら」となっていたところ、俺が頭をカチ割った人が出血多量でぶっ倒れて、それで救急車がやってきた。ところがその人は、「関係あるか、おまえらもや」って周りの人間もド突いてボコボコにしてしまい、俺も血まみれだったのでその日は家に帰った。トラブル相手からしてみれば、「アビスとかいうガキのグループにやられた」っていうことになる。

これは完全に勝たれへん

そして次の日、俺の家の前に2台の車が横付けされた。その中に、前日、俺が頭をカチ割ったと思しきやつがいて、「すぐにやり返しに来たのではないかと予感した。ド突いたあと、有名なグループやっていう話も聞いていたから、それでこの頭を怪我したやつを見て、「コイツら…（笑）」って思ったのだ。

ところが、明るいところで見てみると、「これは完全に勝たれへん」っていうオーラが出ていることに気づいた。もう、筋肉ムキムキを絵に描いたようなやつで、格好はどちらかというとハイブランド系で、そのときは真っ白のペラフィネのピチTに、迷彩のパンツというコーディネートだったように思う。とにかく強そうだったし、改めて考えると絶対にド突かれたくないと思った。なので、俺も「なんやコラ?」とは言わず、おとなしくしていた。「あ、マズい、こらやられる」、そう思ったから。

だって、1対14とかやで? 絶対ムリやん(笑)。

こっちも人数いっぱい揃えていたらわからないが、俺一人だけで「オラ~!」っていうつもりはぜんぜんなかった。実際、しゃべるまで、どこの誰かわからなかったし、そいつが前日ド突いたやつかも、まだ曖昧だった。

ただ、あとから聞いた話だと、向こうもこのとき何かを感じ取っていたらしい。実際、車に乗せられたあと、一切手出しはされなかった。

これって、明らかに俺のことさらいに来たはずやん?

来た瞬間、それはわかったし、前の日に後輩らが「×××グループの人間やん」とか言っていたのも知っている。でも、実際に来たら、「コイツら、やっぱ…(笑)」って一生忘れられへんわ、あれは。

裏社会で出会った本物の「男」

それで、頭をカチ割った人が車の中で俺に「自分、涼いうんやろ?」って聞いてきたから、「そうやけど何?」って返したら、「昨日は俺も悪かったな。みんなでやるんは、ちょっとちゃうかったわ」と謝られた。

この瞬間、俺は「この人、男やな」って思った。自分の頭を警棒でカチ割られているのに、集団でボコボコにしたことを先に謝ってくれたのだ。だから俺も、謝ることにした。

「俺も、昨日はホンマにすいませんでした」

「おう、ええよ〜。けど、あれはくらったわ〜、ワハハ〜」と言って、笑い飛ばした。

怪我させられた相手を笑って許すなんか、当時の俺にはムリだ。だからその言葉を聞いた瞬間、その人のことはリスペクトする先輩に変わった。

今でもその先輩とは交流があるし、その人のおかげでミナミで好きにできたというのもあると思う。アビスの人間には、その人のグループの人間は何も言ってこない。その人はそういう性格でもないし、ほかのグループにはボロカス言うのだが、俺たちには何も言わない。気を遣ってくれるし、俺もその人にはめっちゃ気を遣っている。今でもそういう関係だ。

その人も、俺らとケンカするのはしんどいと思ったかもしれないが、負けるとは思っていなかったはずだ。

「やり返しに行こけ」と思って俺の家まで来ているわけだし、こっちは兵庫のクソガキ。ボコボコにされてたと思う。

けど、「サシでやろう」ってなったら、ぜんぜん、俺も負けへんと思ってた……と思う……たぶん……（笑）。

あとあと、酒の席で「あのとき、僕にビビってました？（笑）」って俺が聞いたら、「それ、おまえやろ!!」って言われたけど（笑）。

結局、そんなことが重なって、アビスはミナミのすべての場所で商売ができるようになった。そして、シノギのやり方も少しずつ変わっていった。

第3章

伝説

急成長するぼったくりバー

「パロディ」で働くようになってから半年ほど経った頃、アビスグループは少しずつ軌道に乗り、いろいろなトラブルはあったものの、梅田にもう1店舗、ミナミに2店舗、京橋に1店舗と、とんとん拍子に成長。全5店舗まで膨らんでいった。この頃から、接客とキャッチを女の子に任せる「ガールズバー」として、店を運営していた。

リーダーは、深海くん。そして、俺を含めた「統括者」が5、6人。さらに、店の本部事務所として、心斎橋の真横にある中央区の島之内という場所にマンションを借りていた。

その5店舗の統括者たちが、それぞれの店、女、キャッチに指示を出すのだ。そして、店にはそれぞれの統括者が信頼できる人間を店長に任命し、仕切りを任せていた。

もちろん、店長は体がかかる。そのうえ、店の売り上げ、女の子のこと、そのほかもろもろ、全部の責任を取る必要がある。

俺自身、店長には口を酸っぱくしてこう言っていた。

「パクられても俺や仲間を売るな。何を聞かれても、自分だけ認めて、口を割らないこと。もしパクられても、20日で略式（起訴）で金を払えばいけるから、1日の売り上げは絶対に持ってこい」

これだけの内容がルールとしてあったにもかかわらず、ガールズバーで働きたいという男と女は、腐るほどいた。特に女の子の場合、完全歩合制だったが、ドリンクバックが45%もついたからだ。

簡単に説明すると、1万円の酒を入れてもらえば、4500円が女の子にバックされる。プラス、俺たちはよくぼったくりもやっていたから、キャッチをやればそれだけでうまみがある。悪くても50万から100万ぐらい、稼ぐ子だと月に200万円はもらっていたはずだ。

店長にしても、平均して100万ぐらいはもらっていたと思う。売り上げの7、8割は納めさせていたが、店長からしてみれば、残りの2、3割は自分の手もとに残る。17、18歳で年収にすると1000万以上も稼げるのだから、悪くはなかった。

当時、アビスのぼったくりバーが入っていたビル

かたや、俺の取り分はというと、2店舗の売り上げの3、4割を得ていた。一店舗の売り上げが月500万だとすれば、2店舗で300〜400万ほどが何をしなくても勝手に入ってくる。年間で、3000〜4000万以上。

それ以外にも、その頃の俺は〝ドラッグディール（大物売人）〟にも手を出していた。店の人間や、キャッチ、ホスト、キャバ嬢を中心に、コカインを売りまくっていた。

はたから見れば、10代であり得ない金を手にして、俺の人生は順風満帆に見えたかもしれない。しかし、毎日毎日、大阪のミナミで飲み歩いていれば、いざこざが起きて命の危険を感じたこともしょっちゅうだった。

アビス専属プッシャーとして

前の項で書いたが、アビスにはリーダーの深海くん以下、いくつかの役割分担があったことについて触れておこう。

俺を含めた統括者（実際にそんな肩書きはなかったが）には、「ケンカ担当」「金管理」「スカウト担当」などの役割が課せられていた。そして俺が担っていたのが「薬物担当」、つまりプッシャーだ。

俺が扱っていたのは、大麻がメインだった。そのほかでもリクエストがあれば聞いたけど、シャブは積極的に扱わなかった。自分でネタ食ってシャブ売ってるような人間とは付き合いきれないし、命がいくつあっても足りないとさえ思ったから。

　おまけに、嘘をつくわ、時間を守らないわ、意味わかんないことばかり起きるわで、とにかく大変。ほかにもいろいろなかたちで人に迷惑をかけることになるし、だから俺はやらないし、売りもしなかった。

　俺の場合、ツケ払いで渡すことが多かった。なぜなら、一回で動かす量が大きいもんだから現金ですぐ払える人間がそんなにいなかったからだ。ツケで渡しても飛ぶ人間はほとんどいなかった。やつらは俺からツケで３００～５００グラムを持っていき、それをＳＮＳとかで売っていたんだろう。

　飛んだら俺に探されるうえ、仕事も供給者もいなくなるわけで、いいことなんて何一つない。ある意味、俺のことをうまく使ってくれればいいと思っていたし、アガリもあるはずだから、お互いＷＩＮ－ＷＩＮの関係でいられたはずだ。

　また、俺からすれば、約束した期日に現金を持ってきさえすれば、それがどこからまわってきた金でもいいと思っていた。

自分の身は自分で守れ

当時のミナミは、いろいろな〝半グレ〟が大手を振って歩いているような時代だった。いろいろな組織の輩がいて、中には〝本職〟の人もいるから、モメそうな相手がどこの人間かを素早く考えなければならない。

「おまえ、どこの人間や？」

「あ？　アビスやけど、なんか文句あんのか？」

それでも腹の虫が治まらないときは、ミナミの街中で乱闘がはじまる。

「クソガキが、この野郎！」

そんな感じで、本物かすらわからないが、チャカを向けられたこともあったな…。

そいつは、ミナミに組事務所があるヤクザだと自称した。まあ、俺はたぶん嘘だと、訳のわからんポン中だと思っているけど。

そんな、相手の素性なんかよくわからないままにモメごとがしょっちゅう起こるわけだから、当時は俺も、常に得物を持ち歩いていた。

いくらいきり立っていたところで、刃物やチャカを持っているやつを相手にモメごとが起こった場合、素手では100％、分が悪い。だから、俺も周りも、常に得物を持っているやつが多かった。

別に、冷やかしで持っていたわけじゃない。いざというときはそれを出して相手とやり合わないといけないし、自分の身は自分で守るというのが地元にいた頃から自然と身についた作法というやつだ。

それに、自分がナメられればアビスがナメられる。アビスがナメられればリーダーがナメられる。その意識は今でも持っているし、このときの事件を目の当たりにして、さらに考えさせられたものだ。

組織の看板を背負うということは、たくさんの面倒ごと、トラブルを背負いこむということでもあるわけだ。

アビスとは別のグループが面倒を見ている店があって、その店にリーダーの深海くんが飲みに行ったことがあった。

すると、そこに自分たちが嫌っている組織の人間がいた。案の定、深海くんはその相手に突っかかっていったそうだ。

「おまえ、なんやねんコラ！」

そんな啖呵からはじまり、店の中をグチャグチャにする乱闘になったという。

「深海くんがはかのグループの人間の店で暴れている」

そんなグループＬＩＮＥを見て俺もＳ・Ｙとその店に急いで向かうと、だいぶ手遅れな感じはあったが、なんとか深海くんをなだめて、その場は収まった。しかし、それがのちのち問題になっていくのだが…。

金の海

中学や高校（俺は行っていないが）時代は、ケンカさえ強ければ上にいけてしまうが、ストリートではそうはいかない。ケンカがいくら強くても、頭が悪くて金も稼げないやつは、上にはいけないのだ。

腕っぷしの強い弱いより、結局はビジネスの力。これは一般社会でも同じなんじゃないだろうか。変な話だが、ヤクザでも上にいける人間というのは、一般社会にいても上にいける人間なんだと思う。人はどこに行ってもその人間の器に見合う場所があると思うし、自分の人生は自分のものでしかない。

デカい会社に入れば一生安泰だなんて俺は嘘っぱちだと思っている。

その点について、俺はリーダーの深海くんのことを、本当にリスペクトしている。実際、深海くんの判断で店を増やしてからは売り上げが爆発的に上がっていたし、それぞれの店舗のチームワークもすごく良くなっていた。深海くん自身が、街に出てキャッチをしている人間たちに差し入れを持っていくなど、交流も図っていた。

グレーな仕事なのだから、繋がりも何もあったもんじゃないと思うかもしれない。だが、少なくとも俺から見た深海くんは、自分の下で働いている人間に対して、少しでも幸せになってもらいたかったんじゃないかと思う。特にその直下にいる、俺たちに対しては…。

ヤクザの組も半グレ組織も一般社会の企業も、しょせんは人間の集まりだ。だから、トップに立つ人間は、組織の一人一人を大切にしないといけないと思う。

大事にされて育った人間が自分の周りに直結するわけで、そういうことを大事にすることこそ人としての価値に繋がるのではないか。家族や仲間に嘘をついたり騙したり、陥れたりするようなやつには、必ず何か跳ね返ってくるカルマみたいなものなんじゃないか。

そもそも、俺が仲間を大事にするようになったのは、金というものの価値に気づいてしまったからだと思う。金がいくらあっても心は満たされない。金の海に溺れていたら、寂しさが大きくなるだけだ。

この頃の俺は、金も手にし、時間もあった。欲しいものはだいたいたいのものが買えた。けど、心が満たされたと思ったことはない。

このときぐらいから、俺は金のためっていうよりも、仲間との時間を大切にしていたんだと、今考えれば思う。だから、当時、みんなでバスを貸し切って旅行したり、営業終わりにみんなで飲んで、女とヤッて、草を吸ってっていう時間が、何よりも楽しかった。

でも、日常的にモメごとはよくあったし、俺自身もいろいろなトラブルを抱えていた。実際、俺のせいで地元の後輩がさらわれたこともあった。

車の売買でタイマンのはずが

その後輩は、ほかの地元で商売をしていたってことでさらわれた。尼崎の人間に、アビスとはまったく関係のない西宮の後輩がさらわれるということは、俺自身、すごく腹立たしかった。そして、何より「俺の後輩だから」という理由に…。

さらに、かなりの痛い目に遭った事件が、その少し前に起きていた。さらったやつとのトラブルの原因は、車の売買だ。

俺は、尼崎のヒロシって2つ年上のやつからセルシオを20万円で買った。結局、それが事件物で、ある日、俺の家から押収されてしまった。

そのことをそいつに電話で聞くと、

「は？　知らんわ。おまえがなんかやったんとちゃうん？」

って感じでとぼけられた。

買って一週間かそこらで、事故すら起こしていないのに、そんなことあるわけがない。でも、結局そいつは逆に、俺に金を払えと恐喝してきた。

「そんなもん、払うかボケ」

そう言って電話で話して以来、ほとんど忘れかけていたときに、後輩がさらわれたのだ。それが2016年3月頃の話で、俺がコカインの使用でパクられていたときの話だった。

それから、俺が出所したのが6月頃。その間に後輩は自分で別の先輩に相談をして、話を丸く収めていたみたいだったから、そのときはそれ以上、話を大きくするつもりはなかった。後輩も納得してたみたいだし、まあ、それでいいかと思っていた。

ところが、出所してから3カ月後の9月頃、ミナミでその尼崎のヒロシってやつと再会することになる。俺自身、会うことはないと思っていたし、ある出来事から、コイツとはとことん合わないなと思っていた。

その出来事というのが、アビスの中でいちばん仲の良かったS・Yがミナミでこのヒロシとモメていたのだ。俺がS・Yに渡した草にいちゃもんをつけてきて、それがエスカレートしてどうするってなったとき、

このビルの周りでは、よくケンカもしていた

「後輩の件もあるし、おまえ一人やし、俺かＳ・Ｙとタイマンはろか？」

と提案した。そして、クイーンズコートっていうビルに連れていく間、ヒロシはイケイケだったのが、徐々に自分の状況を理解したのか、トーンダウン。すると、突然180度方向転換したかと思いきや、鬼ダッシュして逃げたのだ（笑）。

しかし、もちろん、そのまま見逃す俺たちではない。慌てて追いかけて、深夜のミナミで「待てコラ〜！」と怒声が響く映画さながらの光景が展開する。お互い、必死（笑）。結局、200〜300メートル走ったあたりでヒロシを捕まえて、ボッコボコにしてやった。

たぶん、人生で最も人のことをド突いたのは、このときなんじゃないだろうか。小さないざこざで瞬間的に起こるケンカとは、わけが違ったから。後輩がさらわれたとき、地元の仲間との関係が壊れた気がした俺は、その原因を作ったコイツに対して、いつもよりだいぶド突いたわけだ（笑）。

頭から血を流すくらいボコボコにしてやったが、途中で自分の手の痛みに耐えられなくなり、

「おまえ、もう帰れ。自分で帰れんか？　救急車呼んだろか？」

と言ったが、結局、御堂筋の道ばたにほかして帰ったった（笑）。

「キスマークのやつ」

そんなこともあった9月、さらなる事件が起きた。俺がミナミを中心にコカインをばら撒きまくっていたことについて、ヤクザかポン中かも分からないやつに呼び出されたのだ。

いちおう〝本職〟の方ということで、なるべく飛び火させないよう、冷静に話そうと思いながら出向いた。

当時の俺はよくミナミのキャバクラで遊んでいたが、その女たちによると、「爆サイ」という夜の街やアングラ系の掲示板に、時々俺のことが書かれていたらしい。

「ミナミの半グレ」

「ぼったくりバー」

「キスマークのやつ」

そんな感じで噂になっていたのも理由だろうし、もう一つ考えられるのが、その当時の俺がドラッグディールの関係で「Ｏｎｉｏｎちゃんねる」や「プロキシチャンネル」といったダークウェブを使って商売を拡大していく中で、大阪を中心にコカインをばら撒いていることが耳に入ったのだろう。

結局、なんの話かよくわからないままだったが、逃げる気などさらさらなかったので、呼び出された時間にきっちり出向いた。

「あ～、なんかすいませ～ん、自分カタギなんですけど大丈夫っすか?」

いちおう下手に出たつもりである。すると向こうは、何を勘違いしたのか、○○組の△△とどうしただとか、自分の〝看板〟をチラつかせてくるのみ。正直、その当時の俺はヤクザがどうのこうのとかソッチ系の話にはまったく興味もないし、どうでもいいと思っていたので、あぶらっぽい顔をした瞳孔ガン開きのオッサンの話など、申し訳ないけど1ミリもコワイとは思わなかった。

シャブ中の俺

俺自身、シャブを食っていた時期もあったし、それなりにあのクスリで痛い目を見てきたわけで、だからこそ言えるけど、あのクスリはやり続けると生きながらすべてを失うものだ。それを身を以て経験してきたし、すべて失った人を見てきた。

俺自身、恥ずかしい話だが、シャブをやっていたときの行動は支離滅裂。たとえば、誰かと合流する約束をしたとすると、普通はわかりやすい場所やだいたいの時間を指定するものだが、キマッているときのそれは、意味のわからない謎の場所（しかもクソ細かい）。それも、平気ですっぽかしてしまう。マジで、何から何までメチャクチャなのだが、キマッていると何の疑問も抱かない。

もちろん、シャブが切れてくると、自分の支離滅裂さに気づく。そして、決まって自己嫌悪に陥る。さらに、この切れ目を1秒でも早く終わらせるために、また手を出すという悪循環。しかも、矛盾しているように聞こえるかもしれないが、そんな状況でも俺は「使い方をコントロールできる」と思っていたのだから（笑）。

正直、男のメンヘラがいちばんタチが悪いと思う。力と体ばかり無駄に強いのに、最強に頭が悪い。あのクスリは、人をどんどん社会人の輪から隔絶させて孤立させる。

また、ほかのドラッグと比べて、人に隠すやつが多い。なんでかって言ったら、マリファナとかより後ろめたさがあるから。だから、人に聞かれても「やってへんよ～」とか平気で適当な嘘をつく。最初は小さな嘘であっても、積み重なることで、いつの間にか自分自身が嘘の塊になってしまう。どれだけ上手に偽っても、やったことは自分の身に必ず返ってくる。依存性の強さは尋常じゃないと思う。

正直、今でもどこかで体にはやりたい気持ちがあると思う。性欲や食欲と同じようなもの。だけど俺は絶対にやらないし、覚醒剤が心の底から憎い。ある時期から一切やっていないし、いまではあのクスリを心底嫌っている。

だから、覚醒剤をやっているやつを見ると、嫌悪感すら覚えるくらいキライになった。やってるやつは、勝手にやってろ。

ストリートビジネス

それで、瞳孔ガン開き、ポン中のオッサンの話に戻るのだが、そんなくだらねぇものを入れてしかイキがれないやつが俺に文句を言っていると思うと無性に腹が立ってきて、

「で結局、自分になんの用すか？　この話、どうしたいんですか？　デカくします？　ここで終わらせるんなら俺はカネを払ってもいいですよ。ウチの人間がどうとか、そんなことどうでもいいんで、落としどころを決めてもらっていいですか？」

と、一気にまくし立てた。

結局、話を上にあげて、また話をするってことで終わったんだが、その後、ソイツから二度と電話がかかってくることはなかった。こういうのも、俺がポン中を大嫌いな理由の一つやな（笑）。

相手はその場の勢いで言っているのかもしれないが、俺は中学の頃からずっと強烈な縦社会で生きてきたし、暴力と犯罪が渦巻く環境、そして団地という特殊な中で育ってきたから、17、18歳にしては大人びていたんだと思う。

もちろん、クズな大人たちにさんざんイヤな目を見せられてきたけど、そのおかげで人間の本質も同い年の男たちよりは見抜くことができていたんじゃないだろうか。

こういう経緯があって、なんのお咎めもなく、それまで以上にドラッグディールに精を出していった。

そのころは、アビスが運営するガールズバーもどんどん拡大していった時期で、たぶん、20店舗

ぐらいはあったんじゃないだろうか。だから、毎日がメチャクチャ大変だった。

いろいろな店で、料金トラブルが起こる。客は女の子にキャッチされて店に上がる。それで、値段も考えずにバンバン飲む。

「コイツはいける」

そう思った客からは、とことんぼったくる。だから、いろいろなところで料金トラブルが多発したのだ（笑）。

当時の店長連中は、なんでもありだったと思う。日々、「おい！　カネ払え！　殺すぞ！」や、「とっとと払わねえと、おまえの家まで乗り込むぞ！」なんて、オラオラで怒って払わせるのも一つの手だと教えていたけど、あんまり脅しすぎると逃げられるため、客に〝逃げ道〟を用意するのも大切だった。

俺と店長がグルになって、「おいおまえ、この客がカネ払わんかったら、おまえにケツ持ってくからな！」というような電話を、店長の携帯をあえてスピーカーにして客の前で聞かせる。それから、店長はこんな感じで客と話す。

「お客さん〜、お願いだからお金払ってくださいよ。お客さんが払ってくれなかったら、結局、俺が弁済しなあかんねんで…」

そんな感じで、オーナーと客との板挟みで苦悩する店長を演じさせるのだ。そうすると、客も次第に悪い気分になってきて払う。

ここらへんの心理操作は、俺はマリファナを通して身につけた知恵だと思う。マリファナをやっていると、ほかのやつらの10倍、20倍も短い時間に物事を深く考えられる。そんな状況でも、俺はよく人の心理的なことを考えるからだ。

払うまで絶対に帰さない

もちろん、俺がそんな名演技をかましたところで、払わない「食い逃げ野郎」もいる。だが、そんな類のやつには、徹底的に脅しをかけた。

俺が客と会うことはほとんどなかったが、額が額の場合、俺も店長と一緒に追い込みをかけたことがあった。

「おまえ、ふざけんなよ。自分が飲んだ酒代も払わんで済むと思っとんか?」

そんな感じで、客が払うまで絶対に帰さない。そうなったら、根比べみたいなもん(笑)。

しかし、中にはスーパータフな図太い客もいた。

「ちょっと、迷惑だから、帰してくれませんか? 警察呼びますよ? ぼったくりですか?」

金を払わないコイツも悪いのに、開き直ってくる客だ。

あまりにも腹が立ったので、このときはボーイに車を呼んでこさせて、一緒に車に乗せた。

「な、何をするんですか⁉」

「あ？　おまえ、自分で車に乗ったし、鍵も閉めてないから、監禁にもならんからな。今からおまえの家に行くぞ」

「な、な、なんで家に？　助けてくれ〜‼」

「助けてくれって、おまえが無銭飲食するから悪いんやろボケ！　被害者ヅラすんな、このクソオヤジ！」

女の子に酒の値段も確認させているわけだし、先にゴネだしたのは相手のほう。俺らにここまで手間取らせるわけだから、むしろ手数料も欲しいぐらいである。

その代わりといってはなんだが、俺たちの店にお金を落としていってくれる善良なお客さんは、大切にしていた。ほかの店より融通が利く部分もあっただろうし、「また何か困ったことがあったら言ってくださいね」と、今後も付き合っていけるように信頼関係のことまで考えていた。

俺たちは、ただのぼったくり連中って思われているかもしれないが、ぼったくりの鬼じゃない。客相手に、水商売をちゃんとしたビジネスとしてとらえていたのだ。友達連中には、タダ同然で飲ませてやってたし（笑）。

ただ、ほかの店よりも時々ドリンク代が異常に高くなるのと、金を払わない客には尋常ではない追い込みをかけていたというだけだ。

綺麗事だけでは生きていけない

店が増えるにつれて、当然、店舗によって売り上げの差が出てくる。多少の差なら不思議でもないし、雨が多い時期なんかは売り上げが落ちるのも当たり前だ。街に人がいなければしょうがないから。

ただ、数百万円もの売り上げの差が出ることがあって、俺はそれが不思議でならなかった。似たような繁華街で、同じパーセンテージ、同じ営業スタイル。条件はたいして変わらないはずだ。俺が教えたノウハウも同じだ。なのに、なぜそれだけの差が生まれてしまうのか。

そういうことは、店長連中の人となりをじっくり見ることで、ようやくわかってくる。

売り上げのいい店舗には、しつこく強引に取り立てができる人間がいた。そのほかにも、どれだけ心を冷たくできるかという違いもあると思う。

俺は思っていた。客相手に優しさはいらない。あくまでも客。友達や家族じゃない。

友達や家族に対しても心をなくしてしまうようなやつは、ただの人でなしだと思っている。でも、

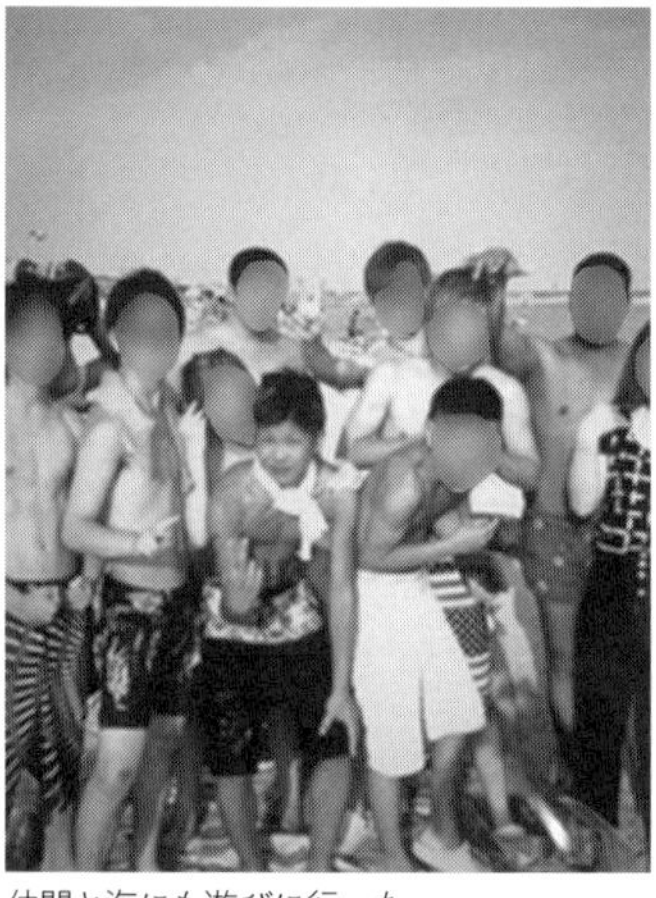

仲間と海にも遊びに行った

客が相手のときは、心は必要ない。だって、シャブの売人が客の体のことまで考えていたら、商売にならない。極端な話だが、それと同じと思っていた。

街中で、女の子が「オニーサン！　飲み行こー？」って声をかけるわけだ。もう、その時点で頭のネジも財布のヒモもゆるんでいるに違いない。

「知らない人についていったらアカン！」って、オトンやオカンに言われただろうに。結局、そういうことだろ？

しつこく強引に取り立てる人間も、体も生活もかかっているわけだ。だから、彼らも本気。

「おい、払えボケ！」

などと半監禁のような状況でイケイケでこられたら、客もノイローゼみたいになる。だから、そんな状況から逃れるために、ＡＴＭで金を下ろしてまで払おうと考えるわけだ。そして、店長連中はこうした手段を立場上、ボーイに対して強いなければならない。そして、俺も立場上、

「事情は知らんが、どうであれ、金は取り立ててこい」

と、ハッパをかけなければならなかった。そう言える神経がなければ、こうした仕事は務まらないということだ。

しかし、これができない店長の場合だと、ボーイ連中までゆるんでしまい、ロクに回収もできないという事態に陥る。これが、各店舗の売り上げの差に結び付いてしまっていた。

俺たちは、善良な飲食店を運営しているわけじゃない。営業許可も飲食だけで、法に触れるか触れないかギリギリのところで営業しているのだ。困った客に同情するぐらいで綺麗事をいうのなら、もっとまともな職業に就けばいいっていう話だ。

確かにこんな仕事をしていると、まともな感性を持っている人間ならば心がなくなってしまうだろうし、何が良くて悪くて、ダサくてカッコいいのかわからなくなり、精神的に参ってしまうだろう。だからこそ、俺は仲間を大切にするし、店長連中とも近い距離で接していた。飲みにも行ったし、女を買いに行ってバカ騒ぎしたことも一度や二度ではない。〝スキンシップ〟は大切だからだ（笑）。

摘発

また、店をやっているときは、ヤクザにも警察にも、ずーっと目を付けられていた。最初に警察に踏み込まれたのは、梅田の店だった。この店は、ＳＭバーを改装してオープンさせた店で、内装が真っ赤で怪しい雰囲気を醸し出しており、ガールズバーなのにボックス席まである仕様になっていた。

踏み込まれたときの罪名は、風営法がらみ。生活安全課の刑事たちだったと聞いた。要するに、徐々に警察の中でも噂になっていたんだろうと思う。

そのときに、店内にいたN・Nって友達と、深海くんの運転手がパクられた。そこは俺の店ではなかったし、そのとき俺は家にいたから摘発を免れた。

しかし、あとから北区の曽根崎警察に呼ばれた。

「店には、遊びに行ったことはあるけど、よく知らない」

そう言って、すっとぼけた。店にいた仲間も、誰の名前もウタわなかった。普段から飲みに行ったり、いろいろしてもらってたみたいで、そのへんは恩義に感じていたのかもしれない。

やはり、仲間のことをウタうのは、何があってもやってはいけないこと。普通にダサいし、自分の顔をつぶすだけだし、こう言ってはなんだが、すべて自己責任の世界で、誰も守ってはくれないのだ。だから、パクられて責任転嫁して「悪いことしているやつをチンコロして何が悪い」って開き直っているような人間は、人でなし以外の何物でもない。俺たちよりよっぽど腐った連中だと思うし、そんな人間は相手にする価値がない。そういう意識だし、そんなゴミ相手に追い込みをかけたところで、時間と金と労力のムダ。そういうやつは、またほかの人間に利用されて、パクられるか一生逃げる人生を送ってロクな死に方もできないのだろう。

結局、この摘発では、俺らが経営者であることを示す証拠は何も出なかった。もちろん、警察は踏み込むまでに内偵をしていて、俺らのことは徹底的に調べ上げたはずだ。深海くんが経営のトップにいることだってちゃんと知っていたに違いない。

でも、物的な証拠は何もないし、店長とかボーイとかが何かを話すわけがないのだから、俺らを引っ張ることはできなかった。そこは、このクソ法治国家に守られていたな（笑）。

結局、店長は20日間拘束されたあと、少年院に行くことになった。その少年院に行ったNの彼女のAちゃんのお腹には、そのとき、子どもがいたのだが…。

この事実にはちょっと驚いたが、俺らにできることはやってやろうということで、話はまとまった。出院しても、もう同じ仕事はできなかったし、今はもう会うことすらなくなっている。でも、いい思い出の一つとして、俺は一生忘れないと思う。

VS曽根崎署

そして、それから2カ月後の2016年10月か11月頃、今度は俺が摘発に遭う。それも、俺の実家に来て、示されたのは大麻取締法のフダだった。

今でも思う、ふざけんな、と。なんで曽根崎署の生安の連中が俺の家に大麻のフダ持ってくんねん、って話だ。

ミナミで俺はコカインとともに大量の大麻もバラ撒いていたため、どこかからそんな噂を聞きつけて、「アビスの阪本を引っ張る」って警察は意気込んでいたようだ。ミナミ、梅田、京橋の店が系列店で、俺たちが統括していることも掴んでいて、風営法にとどまらず大麻取締法やらなんでも出してやろうって考えていたのだろう。警察がそのように本腰を入れるほど、当時の俺はミナミという街でも西宮でも、良くも悪くも目立っていたようだ。あ、それは今もか（笑）。

しかし、何も出てこないので「ションベン寄越せ」って言われて、曽根崎署まで出向いた。

「おー、悪ガキ来たでなぁ〜」

なんて、刑事がニヤニヤしとったな（笑）。

そのとき、アビス以外にほかの半グレグループが跋扈していたにもかかわらず、なぜ俺のところに来たのだろうかと考えていた。実家に2回も3回もガサ来て、当時は俺自身もそうとう不満に思っていたが、おそらくそれだけ目立っていたのだろう。それと、アビスがミナミで毎日暴れまわっていた時期だし、派手に飲んでもいたし、大阪・兵庫の不良界隈でもそうとうその名前が売れてきたという証拠か。

まあ、このときもションベンから大麻の反応が出ただけ。結局、パクられることはなかった。

その後は店も少しずつ増やして、ガールズバー以外にもラウンジ、メンズエステなど、より充実した人生を送る方向へと舵を切っていた。

この頃には深海くんも闇金業をはじめていて、それまで以上に忙しそうにしていた。

当時、本部事務所で、みんなでフレンチブルドッグを飼っていたけど、かわいかったな〜。名前は忘れちゃったけど、今どこにいるのだろうか。元気にしてたらいいが。

覚醒剤、エリミン

悪さの度合いが人生最高潮に達したこの時期、俺はガールズバー3店舗をやりながら、大麻のほかに覚醒剤も売るようになっていた。稼ぎだけを考えれば効率は良かったけど、いろいろな人を不幸にしてしまったと思う。この頃は、1カ月に2、3キロを平気で売っていたから。

これと同じ時期、覚醒剤に使用する注射器が非常に高く売れるときがあって、業者から直接仕入れができる薬局があったので、そこから特別に、大量に横流ししてもらっていた。

当時、人気のあった針の細い注射器が、メーカーの都合で製造中止となり、別メーカーから新しい注射器が出回るようになっていた。

そして、時期を同じくして、「赤玉」と呼ばれていたエリミンっていう睡眠薬の乱用が問題となり、こちらも販売中止になった。覚醒剤常習者は旧型の注射器とエリミンを好む人がほとんどだった。だから、当時、全国的にエリミンと旧型の注射器がデッドストックで品薄になった。

俺は、いち早く旧型の注射器とエリミンを大量に確保して、値段が高騰するまで売らずに保管していた。

エリミンは、生活保護受給者を中心に集めてまわり、最終的には自分でも問屋ができるほどの量にまで達した。さらに、SNSを利用して集められるだけかき集め、注射器は海外に正規ルートで輸出されていたものを日本へ逆輸入して買い取った。パッケージは英語表記になっていたけど。

その後、生活保護受給者からの情報で、大量にクスリを買い取ってくれる業者が見つかり、さらに大阪じゅうから客が来た。エリミンは、1シート1万円ほどですべて売却し、合計3000シートほどを半年もかからずに売り切った。

また、当時は病院に行けば、エリミンは1カ月分4シート（40錠）を3000円ほどでもらえたうえ、不眠を訴えれば簡単にもらえた。

この旧型の注射器とエリミンには、そうとう稼がせてもらった記憶がある。

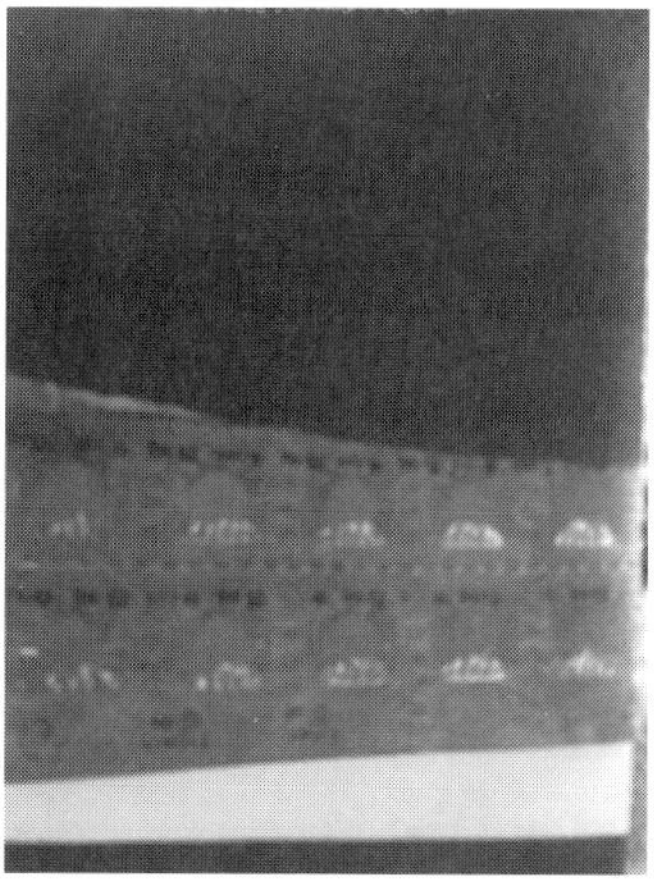

稼がせてもらった「赤玉」ことエリミン

第4章

事件

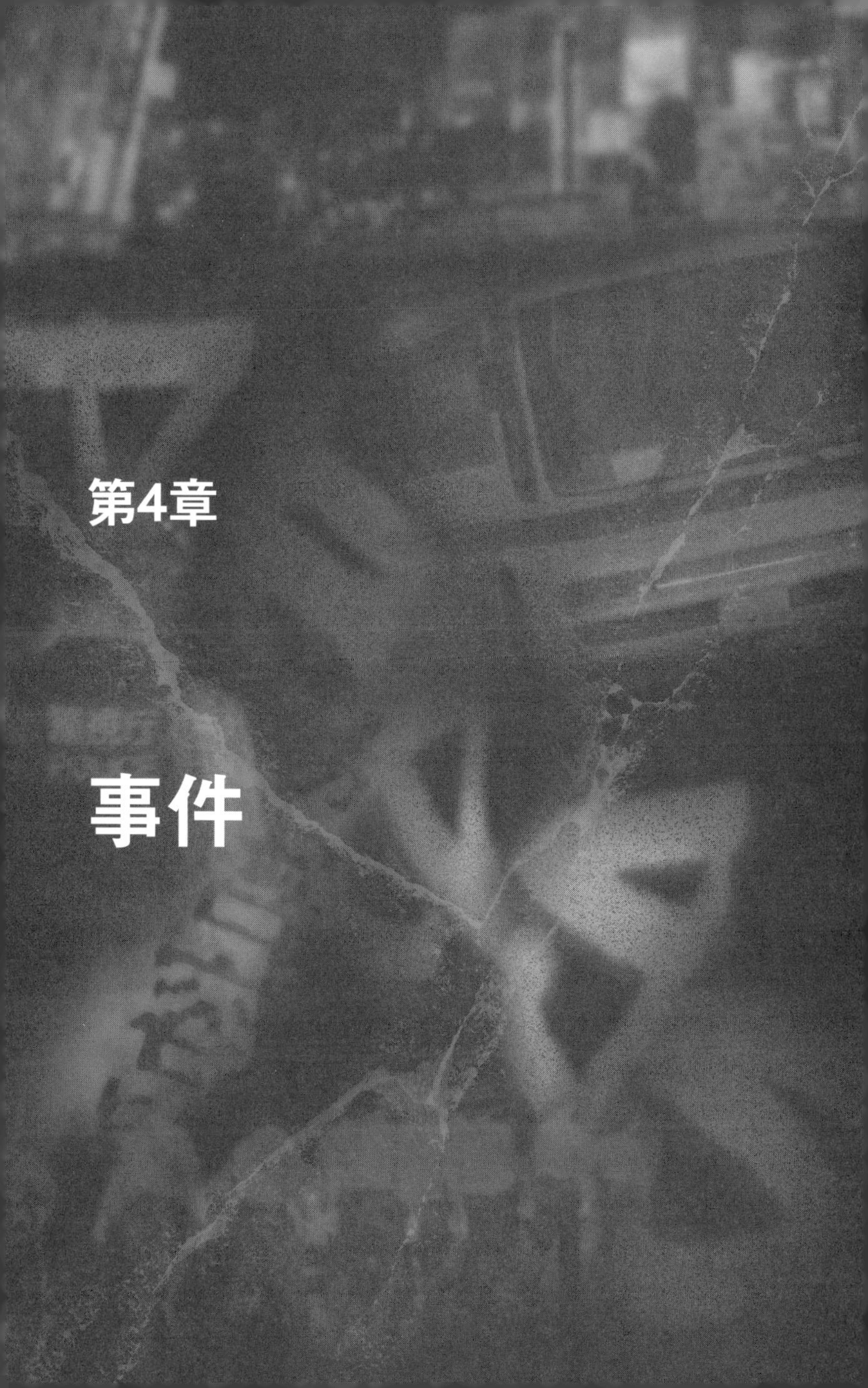

「俺、ここから飛ぶわ」

２０１６年、秋の終わり頃――。

あのときは確か、俺とＳ・Ｙの間がギクシャクしていた。

ミナミで俺は、Ｓ・ＹとＮ・Ｋ、Ｄ、Ｅ・Ｔの５人で行動することが多かったのだが、店の売り上げのこととかいろいろあって、気持ちがバラバラになってた時期でもあったと思う。おまけに、日常的に俺もイライラしていた。

そんなときに、たまたま友達の誕生日があり、みんなでお祝いするためクラブに集まったことがあった。しかし、俺はその日、かなりカリカリしていたもんだからすごい悪ノリだったと、今考えれば思う。

それで、店でケンカになってしまい、しかも相手がもともとモメていたやつらの関係者だという、かなり面倒な展開になった。

「包丁でもなんでもええから全員来い」

そいつらにブチ切れた俺の友達がそう言って、ほかのメンバーに指示を出す。警棒や鉄パイプを手にして集まったメンバーたちが、店の外にいた人間を滅多打ちにしていく。

アビスで仲の良かったN.Kと

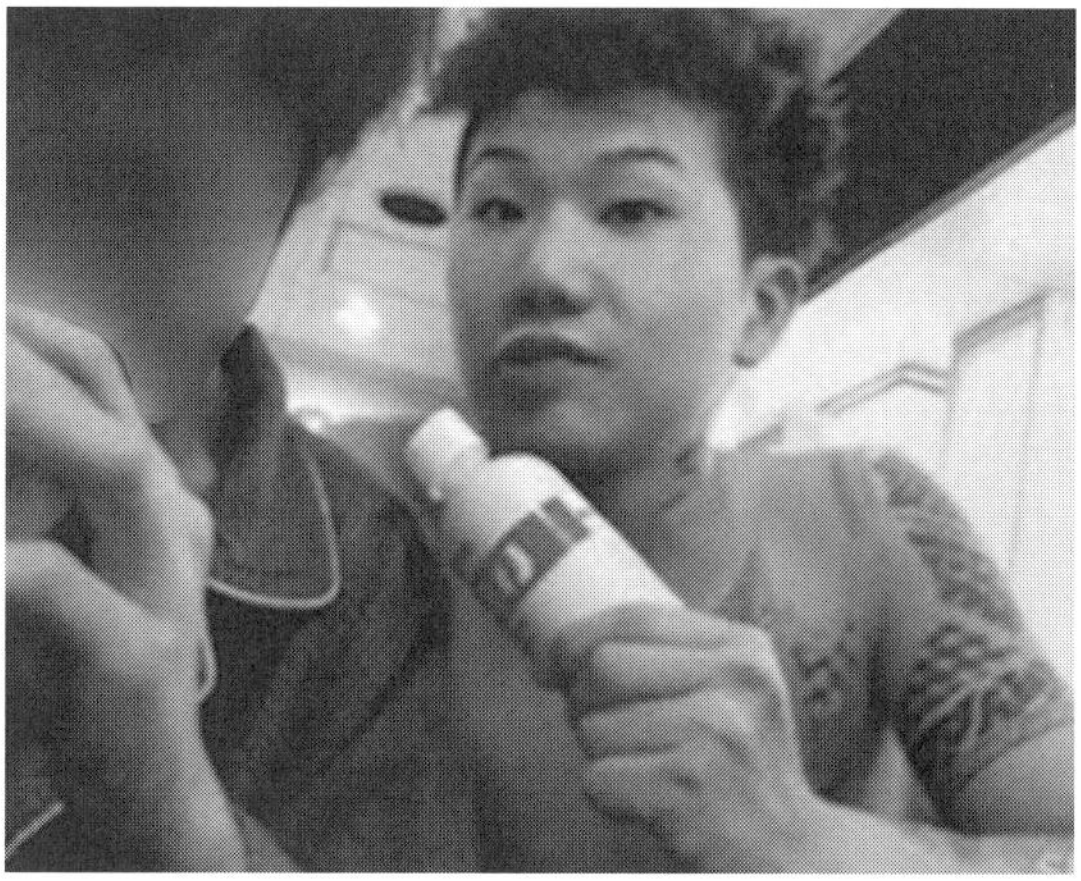

そして、その人間を撲殺してしまった…。

そのとき、店の中で俺たちもモメていたわけで、かなりめちゃくちゃな状況だったと思う。警棒で殴られたやつはひどく出血していて、救急車が呼ばれたため、そうしたら時間を置かずに警察もやってくる。俺たちも危険を感じて逃げるかって思ったのだが、どうやら店の人間が外側からカギを閉めてしまい、俺たちは店内に閉じ込められてしまった。

俺も友達も、体にネタは入ってるし、おまけに保護観察中の身だ。

「ポリ来るまで監禁されてたらヤバいぞ！」

ここでパクられたら、特少（特別少年院）に2年はかたいなと思った。この時期はさすがに無駄にできないかったのでそこはクラブの3階か4階だったが逃げようってことになった。店の窓ガラスをバッと開けたところ、水道管が通っていて、それを見た瞬間、「これはいける（笑）」って思い身を乗り出した。

あんまりよく見ないまま水道管を掴んで、映画みたいにスーッと1・5メートルぐらい降りていったまでは良かった。しかし、そこで水道管が「ガーン」って抜けてしまい、「あ、これアカンわ」と思って一度、戻ろうかとさらに引っ張ったところ、また水道管が「ガーン!」って抜けて、もうこれ、戻れへんやん…。

結局、上にいた友達に「俺、ここから飛ぶわ」って言って、ピューンって2階ぐらいから飛んだ——。

それで、なんとか着地した俺だったが、下はコンクリで、当然、骨折。おまけに上から友達が降ってくる!

って、このときはかなり気も動転していたと思う。ただ、アドレナリンが出まくっていたからだろう、まったく痛みは感じなかった。

それで、なんとか大通りまで出たところで、走ってきたタクシーを捕まえて乗り込んだ。

「助かった」

そう思ったら、タクシーのオッサンが「なんや!? 兄ちゃん、血まみれやんけ!? 大丈夫か!?」って、当然だが騒ぎだした。

「待っとけよ! 今オッチャン、救急車呼んだるからな」

N.K と東京で

って話になって、「ちょっとマジでカンベンしてくれよ〜」って思ったところ、このオッサンがテンパってまさかの事故を起こすという……。

足は痛いし、でもパクられるわけにはいかずっていう、まさに踏んだり蹴ったりの状況だった。しかし、なんとか友達に途中まで迎えに来てもらって、最終的に当時、付き合っていた女の家になんとか転がり込むことができた。

入院生活中、音楽と出会う

このときは警察も、店の外での撲殺事件の犯人探しに躍起になっていたため、俺が逃げたことは騒ぎにはならなかった。

しかし後日、この事件のことで俺はパクられてしまう。このときの罪名は「傷害致死」で引っぱられたのだ。

正直、店の外で起きたことは知らなかったし、当時は、死人が出たことすらよくわかっていなかった。そのため起訴内容は、検事によって「凶器準備集合罪」に変更された。

裁判や収監されたことも大変だったが、それ以上にヤバかったのが、足の怪我だ。これはけっこうひどかったようで、そのときは医者に「う〜ん…足の感覚が鈍るかもしれない」と言われていた。

生活に支障をきたす後遺症が残る可能性もあったわけで、入院することになった。最初の2〜3日は、痛みから、かなりうちひしがれたと思う。もちろん、骨を固定するわけで、足はまったく動かせないから、自分でトイレに行くこともできない。動かせるのは、手と首だけ（笑）。この状態では、何をしようにも、マジで何もできなかった。

ずっとこのまま車椅子の生活だったら、もう逃げることもできないし、そうしたら、今までのように悪いことも稼ぐこともできない。これから俺はどうなってしまうのか。そう考えると、かなり不安だった。

頭だけで稼ぐほどの法律の知識などあるわけないし、このまま埋もれてしまうのかって。なんかこのときの入院生活は、これまでさんざん街でイキがって生きてきたわけだが、反省というかとてもみじめな気持ちにさせられ、神様に怒られた気がしたわけである（笑）。

そんな打ちのめされた入院生活を送ったわけだが、ベッドで動けない俺を唯一、慰めてくれたのが、音楽だった。もともと、ヒップホップの関係者と仲が良かったし、暇があればいろんな曲を聴きこんでいた俺にとって、音楽は唯一の救いだった。

その、ものすごく打ちひしがれてたときに、友達がラッパー、ダッチモンタナの「ワンス・アポイントメント・トーキョー」って曲をミックスして、見舞いがてら持ってきてくれた。この曲を聴いたとき、「あ〜、こういうことも曲になるんや、すげぇな」って、シンプルに思った。

それまでも、漢の裏路地のストリートで起きているリアルを歌った曲は聴いていたが、その本質というか、自分がどう思ったのかを、すごくうまく表現しているなと思った。

「こういう話やったら、俺もいっぱいあるんやけどなぁ～」

そう思った俺は、この頃からちょっと「真剣にラップをやりたい」と思うようになっていった。

「このまま病院におったらヤバい」

それで、何かやりたいと思ったらすぐ行動してしまうのが俺のいいところであり、悪いところ。

「この話はこういうふうにやったら曲にできっかな?」

ベッドの上で、そんなアイディアがいっぱい頭の中に出てきた。

それで、友達にMac Bookを病院に持ってきてもらい、ヘッドフォンでドンッドンッドンとかって聴きまくった。夜中、ドンッ、ドンドンみたいな低音が周りに漏れていたんだろう。翌日、隣にいたおじちゃんから、「兄ちゃん、昨日、何やっとったんや?」とか言われて、「いや～、ちょっと音楽作ってて」って聴かせたら、「あ～」みたいな(笑)。

それで、おじちゃんとはいろいろ話しているうちに打ち解けて、パソコンについて、「これがドンで、これがタンで、それをドンドンタン、ドンドンタンってやると太鼓になるんですよ」みたいに説明してやっていたところ、「お～すごいな、パソコンとスマホでも、もうなんでもできんやな」とか「おまえ、それちゃんと頑張ったほうがいいよ」と言われて、俺もだいぶ勇気づけられてしまった。

「おまえのその足、治るんやろ？　俺の足、もう動かねぇんだぞ？　ガハハハ～」

そんなおじちゃんの元気な姿を見ていたら、俺は両足動かせるし、こんなことで打ちひしがれているのはダセーなみたいに思えてきちゃって。

さらに、当時付き合っていた彼女が友達みんなを連れてお見舞いに来てくれて、それで俺は久しぶりに外の空気を吸ったのだが、みんなにすごい視線で見られていた。俺は車椅子だし、頭とかも怪我して、あのフルーツにはめる白いネットキャップみたいなんをつけてるし、すごい好奇の目で（笑）。けど、みんな謎に優しくて、ちょっと怖いぐらいやったわ。

そういう環境だったので、もう病院では、音楽のこと以外、考えられなくなっていた。

「早くレコーディングがしたい」

ずっとそう思っていたし、早く明日が来ないかな、考えるのはそんなことばかりで、意外と元気になっていった。

だから、看護師さんをからかって遊んでみたり、車椅子でやたらウィリーして遊んだり。そうしたら、腕だけはしっかり筋肉がついたりした（笑）。

病院からは「最低でも3カ月は入院してもらう」と言われていたが、友達から、「もしかすると、クラブの件でフダが出てるかもしれへん」と聞かされていたこともあり、「このまま病院におったらヤバい」となって、先生に「もう大丈夫なんで僕、退院します」と伝え、無理やり退院した。先生からは最初、「一生、車椅子は覚悟してくださいね」って言われとったけど、俺自身、そんときはピョンピョン歩けていた。

「もう治ったんで大丈夫です。自分の体のことは、自分がいちばんわかります」

そんなハッタリをかまして退院した。もちろん、先生らはめっちゃ怒っていたけど、同時に、俺の回復力にもビックリしてたな（笑）。何か大事なことがあると先生も察してくれたようで、こうして俺は病院に別れを告げた。

危険すぎたミナミに戻る…

入院生活を1カ月ほどで切り上げ、俺は再び街に戻った。

しかし、俺たちを取り巻く状況は、最悪に近い状態に陥っていた。正直、この当時は、ミナミの街を歩くだけで危険だったのだ。

敵対しているグループとのいざこざ、フダを持って追いかけてくる警察、そして何かと因縁をつけてくる街の不良——。マジで、精神的にギリギリだった気がするな。

そんな俺たちは、ある決断をする。一時的に、大阪から東京にガラをかわすのだ。

東京に向かうのは、アビスで特に仲の良かった、E・T、N・K、D、俺の4人。このメンバーで東京行きの新幹線に飛び乗り、マンスリーマンションを住処にしながら、ドラッグディールをメインに日々の生活を保っていた。

そんな生活をしばらく続けていたが、あまりうまくいかず、たいして稼げなかった。そんなとき、たまたま関東の半グレの人からクレジットカード詐欺のやり方を教えてもらい、4人でクレジットカード詐欺を始めてしまった。

たぶん、3、4ヵ月は続けていただろうか。するとある日、テレビとかで俺らが関係していた詐欺のニュースがよく報じられるようになり、「コレはヤベェな」って思うようになり、別のことに移っていった。

突然、終わった逃走生活

次にやりはじめたのは、運び屋みたいなこと。東南アジアにまで行ったりして。何を運んだかは、お互い、聞かないほうがいいだろう（笑）。

このときは、なんか映画みたいなことが次々に身の回りで起こった。

友達がマレーシアのクアラルンプールで、俺の目の前で捕まったり、空港には犬はいないって言われていたのに朝、普通に犬だらけで走って逃げるハメになったり、大事な取り引きのある前日に遊びすぎて、まだ半分寝ている状態で向かったらいろいろ説明されているうちにだんだんシラフになってきて、よくよく考えると今回はヤベェことを約束しちゃったなって思ったり……。

それでも、勢いだけでいけた時期でもあったから、今考えるとかなり調子に乗っていたな。「大丈夫でしょう」みたいな（笑）。

そんなある日、成田空港の近くのホテルからチェックアウトしようとしていたところ、スーツにスニーカーを履いたやつら10人ぐらいにバーっと囲まれ、「おっ～」となって、それで逮捕。俺の人生で1回目の逃走生活は、ここで終わった。

このときの罪名は、「詐欺」と「凶器準備集合罪」。

でも、このときは捕まって良かったと思う。あのまま捕まらずに逃走生活を続けていたら、ズルズルと詐欺でもやって、もっと取り返しのつかないことになっていたんじゃないだろうか。

詐欺をやってたときは、自分のやっていることを友達にすら言えず、苦しかった。昔、オカンに「親に言えないことはやるな」って言われたけど、友達にも言えないことは絶対やっちゃいけないと、このとき思った。

そのうえ、詐欺はハイリスク、ハイリターンが鉄則。でも、リスクっていうのは、口で言うほど簡単なもんじゃない。詐欺グループは、全員が詐欺師だからだ。だから、絶対に人のことは信用できない。

そんな中で生活していると、精神的にものすごく追い詰められてしまうし、大金が絡めばモメごとの質がよりハードになってくる。年々、詐欺はハイリスクになってきてると思うし、オレオレ詐欺なんかでも自殺してしまう被害者も報告されている。

俺の友達でも、オレオレ詐欺をやって20代でベントレーやロールス・ロイスを乗りまわしていた奴もいたが、もう今はどこにいるのかすら、生きてるのかすらわからない。要は、ハイリスクすぎて、誰も残ってないっていうこと。

いずれにせよ、俺は遅かれ早かれパクられていただろうけど。

「ネリカン」から川越少年刑務所へ

2017年の3月17日に捕まって、目黒署に20日ほど入れられて、練馬の鑑別所へ逆送された（少年院送致ではなく、成人と同じ扱いになる検察官送致）。だから、大人と一緒の裁判を受けることになった。

まあ凶器準備集合罪のほうは、死人が出てしまっているし、仕方のないことだと思う。責任というか、俺がやらせたと言われても一緒だからだ。みんなそう思っていただろうし、ある意味、覚悟もしていた、頭のどこかで。

しかし、実際に捕まったときは、それは絶望的な気持ちになったりもする。

「マジか…また自由がなくなった」

そう思ったし。

それまで、やりたいことを好きなようにやってきただけで、初めて、なんか…ものすごい力に縛られたというか、自由をホンマの意味で失ったことに気づかされた逮捕だった。

このときに、いろいろなことをホンマに考えたと思う。

家族も泣かせたままで、申し訳ないと思った。1回目にパクられたときは、オカンが子宮の手術したりしていた時期で、そういうこともからんで、「俺、何してんねん」って打ちのめされたし、今、それは本気で思っている。

それまではカッコいいと思ってやっていたことや、イキがって貫いてきたことが、なんか全部、崩れた感じがして…。

だから、鑑別所を出たら絶対に音楽をやろうって、中にいる間、もうずっと考えていた。

たとえば俺の地元のラッパーのｉｏｒｉ（イオリ）なんかは、今もヒップホップを続けているし、俺が帰るのを待っていると、よく手紙で知らせてくれる。帰ったら、とにかく次のステージに進もうと、このときは考えていたな。

その後、俺が服役することになった川越少年刑務所は、とにかく頭のおかしいやつばっかやった（笑）。なんかピンク系（性犯罪）の教育をやっているところで、だいぶ頭の悪いやつが集められるような刑務所。

人数も、メチャクチャおったな。８００人ぐらいはいたかもしれない。少刑ではいちばんデカかったんじゃないだろうか。

ホンマは我慢するのがいちばんなのだとわかっていたつもりだ。けど、刑務所でもまだあのときは、良い子をするのがなんかイヤだった。それは、学校でもシャバでも同じじゃけど、自分が自分じゃなくなるのが我慢できない。俺は俺の思ってるままに生きたいから。

でも、刑務所に収監されている間は、そんなわけにはいかない。ビチッと「気をつけ」しなければいけなかったり、メシの食い方、布団の敷き方と、全部が全部決められている。そんな生活を送るようになるなど、受け入れられなかったのだろう。だから結局、懲役に行っても、最初はアウトサイダーのままだった。

２年半の刑期「満期上等」

川越での生活だが、正直、しょーもない、どうでもいいルールだらけ。「ご飯とおかずを混ぜたりしたらあかん」とか、すべてががんじがらめの、めっちゃ変なルールばかりで辟易した。

「なんやねん、ここ?」

最初はそう思っていた。アホみたいなやつばっかで、生活すべてが規則。もう地獄やった。刑務所なのだから、当たり前なのだが…。

でも、そうだろ? 俺の性格であんなところ、ブチ込まれたら…もう言わんでもわかるやろ?

そんな中でも、自分の生きる場所は見つけていた。この場所でしか手に入らんもんもいっぱいあると思ったし、いろいろ本気で考え直した。

特に、夜は過去を振り返ることぐらいしかやることがないし、とにかく考えまくってたのは間違いない。あそこに行って、俺は夢を膨らませた。

とはいえ、初めは誰も知ってるやつがいなかったし、大変だったのは事実だ。俺も、関西ではある程度、有名だったと思うけど、関東なんかほとんど知り合いはいない。だから敵ばっかりやったわ(笑)。

途中からは、いろいろと知り合いも増えて、住みやすくなっていった。住めば都ってやつ(笑)?

でも、懲役中でも、ケンカはいっぱいあった。最終的に仲良くなった連中もいるけど、ホンマ、出だしはケンカばっかりやった。

1日でも早くシャバに帰りたいってのはまずあったし、懲罰もらったら出所が延びる。だから早く出るための方法は一つ。規則を守って良い子にしておくこと。でも、あのときの俺の選択肢に、それはなかった。

2年半の刑期、「満期上等」やと思っていた。でも家族や友達との約束もある。それが、歯がゆくて仕方がなかった。

どうやったら、俺は俺でいられるのだろうかってずっと考えていた。早く自分を忘れて、良い子ちゃんになるべきなのかとも思った。でも、表の俺のことを知っているやつもいるし、ナメられたらあかん。その気持ちがデカかった。

だから、折れるところは折れていたつもりだし、心ではマジメにすんぞ〜って思っとった。ホンマやで（笑）？

でも、絶対に我慢できないことが、山盛りあったな。まあ、刑務所におるのは全員が全員、悪いやつだから、食堂でちょっと肩がぶつかっただけで「オイ、関西人」とか余裕で言うてきよる。早く帰りたいけど、それはまた別の話やろ（笑）？

足があたったやどうやこーや、そのレベルの話だけど、最初は俺もそんなやつらは無視していたわけだ。普通ならそれで終わりのはずだが、それでもしつこく言うてくるやつがいるのが刑務所。

「おい、おまえ聞いてんのかよ？」

その瞬間、俺は掴みかかっていた。我慢できない怒りを唸り散らして、殴り合いになった。

まあでも、それはしゃあない。だって、ナメられるよりはマシだし、刑務所って場所でナメられたら終わり。部屋とかでも、看守にバレないレベルのケンカなんかしょっちゅう。

バレたら懲罰、独房に入れられる。単独房は、ひとことで言うなら汚くて狭い。懲罰に行ったらやることないし、ストレスが溜まる。正座か安座で1日座っているだけ。

最初に懲罰房に入れられたのは、工場でよくわからないやつをド突きまわしたからで、このときは20日入れられた。

そこでの1日は、めちゃめちゃヒマ。

「うわ〜こんなとこ放り込まれんか」

「20日は長いわ…」

そう思って、ボケーっとするしかなかった。

荒れまくった刑務所暮らし

その懲罰が終わり、みんながいる工場に配役されたときのことだ。

「おまえ、7工場あがったやつやろ? オイ?」

みたいな感じで速攻でからまれたから、それでなくても懲罰でストレス溜まりまくってたので
プッチーンきて、速攻でド突いたった。ただのアホやろ（笑）？　自分でもそう思うわ。

でも、そういうのを黙ってやり過ごすっていうのも俺は良くないと思っているし、そんな自分を間違ってるとは思っていない。そのときはしんどいけど、そういう風にできた自分をちょっと褒めていたりもする。だって、そこで黙ってたらアカンやろ（笑）？

まあカッとなったときは、真っ白になる。なんかすべてがどうでもいい感じ。それは昔から。

結局、損をするのは自分自身なんだとわかっているんだけどな。毎回カッコいいことしようと思って自分ではやってるけど、結果、いつもカッコ悪かったみたいな。ホンマ、そんな感じ。

言ってみたら、このときもそう。

「いろいろ名前売ったろ」

「俺がいちばんや」

そうは思っていたものの、結局、パクられたら一緒。

少年院行ってたとか、刑務所入ってたとか、そういうのを勲章みたいに感じてカッコいいと思っている人もいると思うけど、俺にはちょっと理解できひんな。

カッコええことして、目立って、稼ぐ。それで、みんなを楽しませられたら最高だと思っていた。

でも、そうじゃないことだってあるんだと知った。

このときも、それまでやってきたことに対して後悔は一個もなかったけど、反省はあるし、結局、誰かを泣かせているし、マイナスのリスクがある。

「少年院でもなんでもええわ」

そうやって突っ張っていたし、アビスのメンバーも余裕でそう言っていた。じゃないと半グレなんてやってられへんから。

でも、そんなにイキがっていたのに、やっぱ家族のことは心にくるし、面会とかでも泣いてまうことだってある。そんなん、結局何もカッコええことないやんな(笑)。

オカンには内緒にしとった懲罰行き

刑務所の中には、ホンマにどうしようもない、50代のオッサンとかが平気でデカイ顔してる。勘違いもええとこやと心の底から思うし、まともにしゃべりたくもない。

だから、本気であのときも今も「俺は何やってきたんやろ?」って考える。

有名になりたいとか、誰にもナメられたくないとか、稼ぎたいとか、やっぱ大事なことやけど、それ以外の大事なことをここで学んだな。

「俺、ぜんぜんすごないやん。カスやな」

そんな自己嫌悪。

けど、そういうことが本気でわからんやつって、多いから。

刑務所の中にも、シャブ打って、酒飲んで、車で人はねて、自分の家が借金まみれになって、ほとんど一人ぼっちやのに、そいつのオカンは、それでも面会に来てくれてる。オカンはやっぱこの世で一人やし、オカンやでな。

自分の子どもは、やっぱかわいいんやと思うし、ウチのオカンも同じようなことを言っていたしな。でも、そんなやつに限って「シャブやりてぇ〜」とか平気で言っとる。本気でゴミやなって思ったし、ド突いたろかなって思ったわ。人でなしもええところで、ホンマに、もはや人間ちゃうな。

「ちょ…おまえ、よおそんなヘラヘラ言えんな」って（笑）。

そういうやつは見てるだけでイラつくし、そんなやつとは、ひとこともしゃべらなかった。フル無視。コイツとヘラヘラしてたら、自分のレベルが成り下がる気がした。

これは、今も思っていることだけど、「成れの果て」のやつらと馴れ合ってたら、どんどん自分の価値が下がる。

世間的に見たらやっぱり息子が刑務所に行くってことは、親にかなり肩身の狭い思いをさせていると思う。そういうのだって、少しは俺もわかってるつもり。やっぱちっちゃい頃から、いろんなことを感じとったたし、そこは見えてた。

オカンから手紙送ってこられてる時点で、すごい惨め、もうダサいわ～…、何さしてんねんな。ごめんやでオカン。

まあ実際、1日でも早く帰ったろって思ったけど、ちょっかい出してくるやつがいたらケンカになるし。そのときは普通に落ちこんだ。

ナメたやつの文句はオカンに言えへんけど。手紙でも、俺が懲罰行ってることは内緒にしとったもんな。

俺の入っていた少刑の再犯率が、6割とか。10人おったら6人戻ってくる。ヤバイ割合やろ(笑)？ヘタしたら、関東でいちばん悪いかも。

そこに、いきなり20歳で放り込まれたわけだ。たまらんやろ（笑）？

成人式も刑務所でやったしな。関東のやつばっかりだったし、ヒップホップの話ができるやつなど一人もいなかった。

最後のほうに、茨城県土浦市の「ドレギル」ってラッパーと仲良くなって、そいつとはマイメンになれたのが唯一の救いかもしれない。話を聞いていたら、ゆるふわギャングのＲｙｕｇｏが昔、組んでいた「ヤングブラッド」のメンバーだって言ってたし、楽しいやつやった。

けど、そいつ以外に新しく仲良くなろうと思ったやつなんか、一人もいなかった。刑務所を出てから俺の住所を調べて会いに来たやつもいたけど、結局、会ってない。会う気も起こらなかったしな。

だから、中では何も深いこととしゃべろうとも思わなかったし、今も思ってない。悪いけど、このとき川越で会ったやつに興味も持てなかったし、特に興味を引く人間もいなかった。

「お前らは一生キナ臭い人生」

刑務所の中にはやらしい職員もおって、こんな中でも人間性は見えるもんだと知った、ホンマ（笑）。ナメとるやつもおるから。

「こんなクズども、どうすんだ?」

みたいなことを平気で言うてきよる。仮釈放前に俺らのことを挑発するやつとかもいたから。たとえば、俺らの今までの生育記録ってやつを調べる、教官みたいな金の線を巻いたオヤジ（金線＝上級職員）。出所ちょっと前に来たのだが、そいつが、「どんな話するんかな?」って思っていたら、

「おまえらは一生キナ臭い人生を送ります」

「クズなんです。社会の荷物ですから…」

ずっとそんな話。わかる? 挑発に乗るか、試していたのだ。そこでブチ切れて、仮釈が取り消しになったやつが何人もおった。俺もスレスレやったわ。

まあでも、誰でもそうなると思うわ。こっち系の大人は、ホンマねじ曲がっとる。いろいろ見たわ、川越では。

気が短いとか、そんな問題ちゃう、オッサンが言うてることはそんなレベルのものではない。「どうせおまえらの親も、ろくなもんじゃない」「どうせまた逆戻りでしょ?」

しまいには家族のことまで言うてきよる。ずっとそんなん(笑)。

スーツ着た、ただの汚いハゲオヤジが。わけわからんまま、俺は、「どうもすんませーん」って適当に流しとったけど。

あっち系のやつは、ホンマ相手にするだけ無駄。シャバでなら、いくらでも相手したるけどな(笑)。

でも、これはみんな腹立ってたと思うで。

「なんやコラ」って言うやつの気持ちもわかるし、そのオッサンに文句を言ったやつには、内心「よおやった」って言ってたもんな。

オッサンになんか言って罰になったやつは、みんなに「アホやな~」って言われていたけど、内心、俺は、「おまえの気持ち、よおわかるわ」みたいな。こんな、クソオヤジに言われてもいいこととあかんことあると思うしな。ブチ切れるやつみんな、「ジジイ、おまえに何がわかんねん?」って言うてると思うで。

そんなこんなで、２０１９年5月、俺もいよいよ出所の日を迎えた。出所当日は、刑務所を出る準備をして、所長の前で何か言うて、「おめでとう、頑張ってね」って言われて、保護観察所に向かうことになる。

ムショ暮らしから解放されて、なんか変な感覚だった気がする。

出所して、すぐにオカンに電話したら、「出所したらしたで毎日心配で眠れへんわ〜」って言いよった。そのときはなんか、胸にきた。やっぱ、俺が捕まってたら、それはそれで心配するけど、シャバにおったらおったで、暴れたり、ケンカしたり、悪いことするからやろな。

まあ確かにそうやってきたのは事実だし、あのときもそう思った。何か…間違ったことしてきたかもなって。

確かに、間違ってることのほうが多かったのは事実。けど、どこかで誰かが泣いている。捕まっているときも、あのときも、今もそうやでな。

大阪の有名な半グレと対立

およそ2年ぶりにシャバに出た俺だったが、しばらくはミナミで毎晩飲み歩いていた。当時はいろいろとインネンをつけてくるグループがたくさん溜まってる場所があって、そこでは顔を出すたびに毎回毎回、文句を言ってきよるし、上同士がモメていたこともあって「ケンカする」みたいな雰囲気になっていた。

それで、そいつらに「おまえ、どこの人間やねん?」って聞いたところ、ある半グレの名前が出てきた。

大阪でその名前が出たら、手を出すところなどなかった、めっちゃ有名な半グレ。でも、そんなこと関係なしに、俺らの中の誰かが速攻で顔面をド突いた。

そうしたら次の日、そのグループの頭から俺に電話がかかってきた。

「おまえ、俺んとこの人間ってわかっててやっとん?」

そう言ってきたので、俺もすぐさま返す。

「おう、知ってんで、言うとったしな」

「ナメてんのか、おまえ?」

結局、その電話は向こうの頭がブチ切れた状態で終わった。ちょうどクリスマスの頃の話だったと思う。

そして年が明けた頃に呼び出された俺は、仲間を合わせた7人ぐらいで指定の場所に向かった。

相手は50人ぐらい集まっていたが、

「おう、いつでもやったんで」

って言ってやった。

「ごちゃごちゃやかましいわ」って。

でも、俺は内心、バンバンにビビっていた。

正直、俺個人の問題だったので、もともとアビスにおった人間はあまり巻き込まれないはずと思っていたからだ。おまけに、戦力的にもかなりキビシイ状態。

とはいえ、そんなわけのわからないやつらとケンカするとなっても、いきなりそう簡単にははじめない。自分自身も少し楽しんでいたのと、みんなそれを理解して入ってきてくれたから。

このケンカのときには、俺と俺の友達が連れてきた数人を合わせても10人くらいしかいなかった。

だから、「そんだけの人数じゃ絶対行くな」って大阪の先輩から俺に電話が入った。

「やめとけ、行っても絶対フクロにされるし、闇討ちされんぞ。そういうやつらやから」

そんなふうに言われていた。

けど、俺は、

「大丈夫、絶対カマします」

って、一方的に電話を切った。

たぶん先輩は最後に、

「絶対やめろ、俺も今すぐ行くから！」

そう言ってくれていたと思う。実際、向こうは50人くらいいたから、ケタが違う。

それはわかってはいたけど、止められなかった、あのときは。

ミナミのど真ん中で10対50‼

案の定、行ったら50人くらいに囲まれて「おまえが涼か?」って。

「(ヤッバー、絶対来んかったほうが…)」

内心、そう思っていたが、

「なんや? やんのか?」

俺はそう言った。

完全にケンカのはじまり。

ミナミのド真中で、人が山盛りおるとこやったから、

「これはポリ来よんな~」

とか、考えられるぐらいのテンション。そこに俺らの年上が来て、相手の年上と話しだした。

もともと、年上同士は仲がいいっていうか、休戦協定みたいなものを結んでて、ミナミで何かあったときはお互い助けあっていたから、

「ケンカすんなアホ！」

って言われとった。

けど、俺らからしたら、

「それ、どういう意味？　コイツら文句しか言わんやんけ」

って思ってた。

相手の年上も、グループのやつらも、俺が友達になるようなええやつもおったし、途中からはそんな敵意はなくなっていた。けど、あのときは、

「何、止めてんねん？」

ってなった。頭の人間・Tは、イケイケやし、ムキムキ系やし、ケンカもバリ強そうやった。

「俺の相手こいつかよ…」

正直、そう思ってたけど、

「やろか？」って。

「おう、いつでもええよ」

Tも、そんな感じになっとったと思う。けど、そのときはミナミにいた年上がバーッと現れて、

「今回の件は丸く収めろ」

って話になった。

「は？　関係ないやろ？」

そんな感じだったし、俺からしたら向こうの年上が誰とか関係なかった。そんなのを上に言われてやめるくらいなら最初からこんなことになっていない。でも、向こうに、

「おまえらの人間が最初に手ぇ出してこうなっとんやろ？　でも俺らは丸く収めようとしとんねん。わかるか？」

そうカマされて、完全に向こうが正しいと思った。

俺らとしても、ホンマは丸く収めてくれたほうが助かる。そう思ってはいたけど、言われたからって「あ〜そうですか」って帰るわけにはいかんかったから、ごねただけ。

Tとその年上に文句を言って絡んでくるやつなんか、俺ら以外に誰もいなかったと思う。それは、俺がアビスのときには、とにかく何でもいわしたれと思ってたから。

友達とバーベキューしたときの１枚

第5章

終焉

「07」との抗争、そして…

2019年5月に川越少年刑務所から帰ってきた俺だったが、しばらくは周りの状況を何も掴めずにいた。すぐに仲間と連絡を取ろうと思ったものの、俺と仲の良かったアビスのメンバーは、もう誰一人としてシャバにいなかったのだ。

理由はいろいろある。店を任せていた店長の連中たちが客を追い込みすぎて恐喝事件になったり、パロディの店の中で従業員同士がケンカになって店が使えなくなったりしたこともあった。ほかにも、店の女の子同士のケンカの質もどんどんハードになっていき、女の子が逮捕されたことが何件もあったな…。

でも、いちばん大きかったのは、「07（アウトセブン）」との一件だった。これはあとで詳述するが、正直、さびしかったな。

アビスには、昔から仲の良かったやつがいっぱいおったし、またみんなで遊んだり、イベントをやりたいと思っていた。けど、京都、大阪、奈良、兵庫の不良が集まって、しかも暴走族上がりのようなやつばっかりだったから、最後は全員、同じ気持ちではなかったんやと思う。

頭のどこかで、こうなることはわかっていた。出所してから、俺自身いろいろ考えるところはあったが、この時、俺の心はすでに音楽のほうを向いていた。

アビスは、ただの半グレ集団とは違ったと思う。一人一人が心を持っていたし、もとは、それぞれ別々の地域に生まれたやつらだったのに、それがホンマに全員家族みたいな感じだった。そう考えたら、スゴいことだな。

ヤンチャしかしてこなかったやつらが、100人以上も集まって、それが一つになっていた。こんなヤンチャなやつらが、一つのチームになってしまえば、もう対抗するとこないやんって（笑）。

たとえ年上でも、アビスを相手にするのは、シンドかったと思う。それまでじゃありえなかったことだが、一度仲良くなったものは、もう何ともできないから。

アビスの動向に世間も注目した（画像は朝日新聞より）

モメごとやニュースになった事件も、いっぱいあった。ほかにも、たとえばアイツがコイツをあまり好かないとか、そんなこともあった。チームの名前だけが一人歩きをはじめてしまったようなところもあって、アビスの名前を使ってケンカするやつとかも出てきていた。

みんながそれをやってしまえば、ヤクザと一緒だ。いろんな街のやつがいるから、育った環境も違えば、文化や価値観も違う。ホンマ、全部違った。

そんな考えがどんどん大きくなっていき、俺の今やりたいこととはぜんぜん違うと実感したとき、俺はアビスとして生きることをやめた。やっている意味も、同時になくしたんじゃないだろうか。全員がほぼ同時になくしたと思う。

全員がほぼ同い年だし、ホンマに全員、イイやつだったし、仲間だった。何でも余裕ではねのけられる気がした最強のチームだった。

でも、俺の気持ちは音楽に向いていった。

「もっと今より上のステージに行きたいし、不良としてじゃなく、ラッパーとして有名になりたい」

そのためには、ジッとしとるわけにはいかなかった。

ラッパーか、不良か、売人か

アビスと刑務所で過ごした4年間は、ホンマにやりたいことは何もできてへんっていう思いがあった。自分の中でそのままジッとしてるのは絶対にイヤだった。

「刑務所から出たら、絶対カマしたんねん」

「ヤバイことやったる」

そう心に決めていた。だから、刑務所の中では、今後は音楽をやろうって決意していた。

俺はまず地元に仲間たちとスタジオ兼オフィスを構えて、そこで自分たちでできることはすべて自分たちでやるというスタイルを作ろうと思った。そうすれば、2〜3年で形になると意気込んでいたのだ。

しかし、それを実行するには、なにせ金が足りない。結果的に金策に走るわけだが、バイトで作る金ではぜんぜん足りないし、当時の俺は「イケてるラッパーはバイトなんかやらんやろ?」なんて考えもしていた。つまり、生き急いでいたのだ。

「人様に害を与えない、いくつかのメイク・マネーの方法で勝負するしかない」

ということで、ドラッグディールに精を出していったわけだ。

とにかく、新人のラッパーとしては、あり得ないスタートを切りたいという野望があった。地元の中では誰よりも金を稼いで、誰よりも危ない流れから生み出した、俺だけの音楽にしたかった。

そのためには、兎にも角にも金が必要やった。

刑務所から出てホンマすぐの頃。それが俺の出した答えやったし、地元が隣のラッパー「阿修羅MIC」さんの曲も、俺に火を点けた。

本人はもう覚えていないかもしれないが、以前、阿修羅MICさんの後輩のツケを俺が飛ばしてしまったことがあり、そのとき、地元のディスカウントストアの駐車場で怒られたことがあった。当時は、まだ阿修羅MICさんも懲役から帰ってきたばかりで不良色が強かったが、俺が出所してみると、兵庫県を代表する有名ラッパーになっていた。

だから俺も、今すぐにでも何か行動を起こしたくてウズウズしていたと思うし、何か焦っていたのは間違いない。その結果、「音楽やろうぜ、ラップ」と地元のやつらに声をかけていたのだろうな。

もともと俺自身、ヒップホップという音楽は身近にあったし、地元にも俺らの8歳上にあたる「88POSSE」というクルーもあったし、そこそこ有名な人もいた。だから、友達らに声をかけても、誰も、「それはない」とは言わなかったし、俺が考えてることをみんなわかってたんじゃないだろうか。

チャンスは自分で作りたかったし、今もそう思っている。それまでさんざん、「俺がいちばんヤバい」って自己アピールしてきた。ステージの上でカマさなければ意味がないとは思っていたけど、そんな機会もなかなか見つからないし、方法もない。正直、何をしたらいいのかわからなかった。

まず、ラッパーなのか、不良なのか、売人なのか。自分が何者なのかすらわからない時期があったのも事実だ。

だから、もうなんでも売れるもんは全部売った。やれる仕事はやったし、イリーガルもリーガルも関係なかった。

でも、ホンマはそんなこと、したくなかった。けど、これでメシ食うって決めてたから。

道しるべもないし、全部手探り。何をやればいいかわからなかったというか、自分がカッコいいと思うラップを作ることはできるけど、それをどうやって売っていくのかが俺には見当もつかなかった。

「そのうち誰かの目に留まって、俺のCD出してくれんちゃん?」

そんな甘い考えだった。

心に刺さった先輩の言葉

あの頃は、もう最低な生活だったな。

ラップしてステージに立つために、カッコいい服を着てカッコいい靴を履くために、大量のマリファナを売っていた。ラッパーでいるために売人をやってたのかもしれない。

それに、いろいろと我慢もしていたと思う。まぁ、今でもハングリーさは俺、ぜんぜん変わってないはずだけど。

ライブしに行って受け取るギャラより、マリファナのあがりのほうが多いときもあった。それに、一切、マイクに触っていない時期もあった。でも、その悔しさは今後のバネになると思っている。ってか、絶対そうしたい。

当時は何が正しいかもわからなかったし、自分がやってることを間違いやとすら思っていなかった。でも今は、あんときの自分がやってたことが間違いやとわかる。

あのときも今も、自分が〝男〟って言えるものは、俺にはまだ何もない。男と言えるのは、俺がこれから家族や仲間たちみんなに、何かしてからだ。

今はまだ、自分のことで精一杯。

あの頃は東京に行ってライブなどをやっていた時期もあって、当時、関東でロックをやっている先輩に自分の気持ちを話してみたことがある。

「ホンマに音楽で成功したいから、東京で頑張ってみようと思ってるんです」

これに対するその先輩の答えは、思いもよらないものだった。

「おまえのやりたい音楽って地元ありきのものちゃうん？　仲間とやってんのが楽しくて、続けていきたいんだろ？」

あの言葉に俺、大怪我させられたな。

「え…？」

マジで一瞬、固まってしまった。

俺からしたら、ガキの頃からずっと一緒に悪さしてきた仲間と別れてまで選んだ道だったし、答えを出すまでに、アビスのことも地元のことも、いろんな思いとか葛藤があった。俺なりに考えて、別れて、決心して出した答えだったのに、先輩は、

「売れることも大切かもしらんけど、それが今までの本当のおまえなん？」

そう言ったのだ。

これは完全に音楽家としての挑発であり、試されていたんだと思う。それは、ロックでもラップでも同じなんやなって思ったし、だから出た言葉なのだろう。それは俺にもわかった。

この夜の先輩の言葉には、今もカマされてる。「ヤバいこと言いよるわ」、そう思った。そんなこと普通、言わんやろ？

そのときから、「俺の音楽ってなんなんやろ」って考えはじめた。その先輩もずっと音楽をやってきた人だから、たぶん、気持ちがヒップホップに近いものがあるはずだ。俺より若いときから、その先輩はずっと音楽をやっていたらしいし、それこそ俺が生まれる前からやってたって。

その先輩は今、60代。だけど、今でも新宿のゴールデン街でロックをカマしてる。

「俺はロックで、ステージで死にたい」

そう言っているし、「死ぬまでロック」って言っていい人だと思っている。クソヒップホップな人やと心からリスペクトしてる。

そして、その先輩が俺に言った。

「俺ができひんかったことをやってくれ」

この言葉は、俺も嬉しかった。俺自身、その人ができなかったこと、俺にしかできないものを作りたいと思った。

あのときから、今も俺は夢を見続けてる。それが俺のヒップホップやし、どんなことがあっても関係ない。

俺が「半グレ」だった理由

アビスがどうなったとか、友達がどうなったとか、誰々がパクられたとか死んだとか——。

そんなもん、俺には関係ない。何がなんでも俺はラップをしてやる。

そこらへんのやつに俺が負けない理由は、結局すべてそこになる。アビスをやめるとか解散とか、そういうのは別になかった。そんなんもなしに、今まで当たり前にあったものが、全部なくなった。

そうなったのはしょうがない。みんながもう、バラバラだったしな。俺もまた、みんなで楽しく集まりたいって思っていたけど、俺の力ではムリな話だった。

まとめるには、深海くんが必要だった。方向性が違ったとか言うても、自分のチームぐらいは自分で作れたはずだった。でも、なんかそんな気になれなかった。

刑務所を出所して、ドラッグディールに精を出していた俺だが、実はほかのビジネスにも手を広げていた。それは、車関係のシゴトだった。

ただの自動車窃盗ではない。韓国の人間に転売するビジネスだ。

この韓国人は、日本の港にコネを持っていたから、俺らが内緒でコンテナの内部に国産車を入れ、韓国に週1ペースで送っていた。

俺のところに車が2~3台集まると、連絡を入れる。そうしたら、韓国から顔も名前もわからない人間がやってきて、俺が指示する場所まで車を取りに来てもらう。

ナンバーはあらかじめ、こちらでテンプラナンバーをつけておく。そして、その現場で車の傷、程度、グレードや年式、色などを見て、電話で値段を提示してもらい、ビットコインで支払ってもらう。

俺は、彼らがどんな車種が欲しいのか、何が高値かを知っていたので、その条件を満たしている車しか買い取らないようにしていた。

俺はだいたい30万から50万でトヨタのプリウスなどを買い取り、100~150万ほどの金額で売る。なかには高級車もあり、その場合は５００～７００万で売れる。こうして一切、人と顔を合わせず電話一本で、ビットコインで物々交換をして取引きを成立させていった。

このビジネスは、２～３カ月でやめてしまったが、月に１０００万以上の利益を出していた。この韓国人は車だけではなく、スキミングしてカード（偽造クレカ）も作っていたから、そのカードを俺が買い、ＳＮＳで集めた人間にカードを渡して買い物をさせ、その金品を換金する犯罪をやってしまってた時期もあった。

「なんでヤクザにならんの？」

いろいろな悪いことをやっていくなかで、暴力団との付き合いがなかったとは言わない。ただし俺は、もともと色々な警察署からマークされていた存在やったし、そのことは十分自分でもわかっていた。

俺は暴力団員ではないけど、警察は俺みたいな者をきっかけとしてヤクザを摘発する理由を探してる。だから互いに迷惑をかけることにもなると思ってたので、彼らとの付き合いは極力減らして、表立って関係するのは控えていた。

少年時代から、俺は地元でも有名な悪ガキやったし、数々の悪行を繰り返してきた。それだからなのか、いろいろな人からあらゆる場所で、俺はよくこう聞かれていた。

「なんでヤクザにならんの?」

そんなとき俺は、

「性格的に暴力団には向いていないと思う」

って、絶対に答えるようにしていた。

それは、単純に音楽って夢があったというのもある。また、縛られるのは好きじゃないし、人の下で何かをやるのがイヤだというのもあった。

けど、何をやるにせよ、自分で自由にやりたい。そんな思いがいちばん強かった。

ヤクザの世界には、俺らには理解しがたい厳しいルールがある。だから、俺みたいな人間は、組織に入ってからも迷惑をかけるだろうし、その道の人らにも失礼なんだろうと思っていた。

俺はもっぱら「半グレ」という形で、この世界を生きてきたのだと思う。

「07」との抗争とぼったくり事件

アビスグループが世間の注目を浴びたのは、2017年か2018年頃だったと思う。

メンバーが大量検挙された「07(アウトセブン)との抗争」や、「ぼったくり事件」。この2つの事件については、テレビ各局のニュースやネット記事など様々なメディアで報道されたので、知ってる人も多いんじゃないかと思う。

特に、2018年8月に起こった拳月くんやテポドンくんらの07との抗争は、当時は保釈中だったリーダーの深海くんが抗争相手を鉄パイプで暴行したことから、メディアで取り上げられることが今も少なくない。

この、07との対立でアビスはメンバーが大量検挙されて、自然消滅的にグループが解散することになった。

最初は上の者による小さないざこざにすぎなかったが、次第にグループを巻き込んだデカい話になっていき、自然と二極化していった。

「やった」

「やられた」

ほかにも「言った」「言わない」の応酬で、最終的に大きな事件に発展したんだと思う。

もともと、アビスグループと07とは、敵対関係にはなかった。交友関係もあったし、リーダーの深海くんとともに組織を引っ張って、頭角を現していった。彼らの成長は、みんな嬉しく思っていたものだったが、次第にそれまで一緒につるんでいた俺たちアビスに対しても牙を剥くようになり、そんな態度にブチ切れて収拾がつかなくなり、お互いに「やった」「やられた」や「やられたらやり返せ」の主張を繰り返すこととなった。

その後、襲撃事件に発展し、襲撃メンバーが軒並み逮捕、収監されて、現在に至っている。

深海くん自身も、責任を感じてると思う。

「終わりの見えない抗争の発端を自分が作ってしまった」

そう考えているんじゃないだろうか。深海くんは、そういう仲間やまわりのことを誰よりも考えられる人間だったから。

アビスが解散することになったと、俺は出所後に知った。

一方のぼったくり事件だが、1日の売り上げノルマを達成できない店長連中が客を相手に暴力を振るってしまったり、店の中に長時間監禁して追い込みをかけすぎて、警察に走られることが多くなって事件化するようになっていた。

実際、客の中には大怪我をした人や借金まみれになるまでサラ金でキャッシングをさせられた人もいて、俺が現場にいた頃に比べて内容がハードになっているように感じていた。

この2つの大きな事件を経て、アビスは自然消滅的に霧消していったわけだ。

アビスの最強メンバー

仲間思いで、俺が人間性やすべてにおいて絶対に敵わないと思った仲間たち。この先、あんなに最強で最高なメンバーたちを得られることなどないだろう。そんな彼らを失ったことで、俺は脱力感に襲われてた。

今さらこんなことを書いても、「過去の話を蒸し返すな」って笑われそうだけど、パクられる前、俺はいろいろなことが重なって仲の良かったS・Yとギクシャクしだしていて、そのことも結局、解決できんままになっていた。

S・Yは、俺がアビスに入るキッカケをくれた男だ。アビス内でも、いちばん好きで世話になった、ホンマに大切な友人であり、仲間だった。

またお互いが落ち着いたら、ゆっくり話がしたい。俺はいつもそう思っている。

S・Y自身も、今はパクられているし、もちろん俺自身もそうなんだけど（笑）。だからお互い、なかなか会えるタイミングがな…。

S・Yは、アビス内での事件でパクられた。それは仕方のないことだと思うし、俺らは、たとえ行きたくなくても、行かなあかんときがある。俺らは、そういうタイプのグループやったし、あとへ引くことは許されないことやと思っていた。

徹底的に相手を壊滅させ、服従させることがすべてだったから、そこにいれば、そう行動せざるを得ないときは絶対にある。グループや組織っていうのは、そういうものだと思うから。

だから、自分がどこへ向かってて、なぜこうするのか、その指針を見失ってしまえば、すべてが終わりだ。

俺は、S・Yが実際はどういうやつか知っているし、根っからの悪人ではないことだって知っている。ただ単に、組織の人間として、そう動いていただけだと思う。だから、組織のために自分の身を犠牲にできるS・Yのことをホンマにスゴいと思うし、ホンマに男やと思うわ。

不良の勢力争いなんかより…

この襲撃事件のあと、俺が出所してから、アビスが攻撃対象としていた組織の人間と会ったことがある。それは、俺が北新地のキャバクラで飲んでいたときのことだったと思う。

キャバクラの外へ、先輩の荷物を受け取りに行ったときに、エレベーターホールで3人ぐらいの男に囲まれた。

「最近、おまえが店に出入りしてるって聞いてるけど、久々やな」

その中の1人が俺にそう言ってきた。けど、俺はそいつのことは、まったく知らない。よくわからないのだが、店の女がインスタグラムに俺との写真をアップしたりしていて、それを見たその女の彼氏が怒って、俺のことを探していたらしい。それで、兵庫や大阪の不良に俺の写真を見せてまわっていたところヒットしたらしく、その結果、俺のところに来たんだと思う。

しかし、俺からすればそんな女は覚えてもいないし、そもそも「久々やな」って偉そうに突っかかってきている男は、誰なのかって話だ。

「俺のこと知ってるやろ？　覚えてないんか？」

「いや、俺はおまえのことは知らんで」

そのとき、そう言ったのだが、あとあと、そいつはアビスが攻撃対象としていた組織の人間だとわかった。今思えば、不良として名を馳せていただけあり、風格は確かにあった。

それにしても、いったい何の目的があって、因縁をふっかけてきたんだろうか。まあ、だいたいこういうときって、周りに空気を入れるやつがいるものだ。

「〇〇が、××くんの女と遊んでたよ」

そんな感じのことを言って、わざとけしかけるように仕向けてくる。それから空気を入れられたほうも、あと先を考えずに、

「じゃあアイツ、さらいに行くか？」

って、なるんだろうな。

「あんま意味がわからんから、店の中でしゃべろか？」

店の席で、そいつと話をした。それで、最終的には、

「俺も別の商売やってるんで、これからはいろいろよろしくな」

って、言ってきた。

「いやいや、俺はラップやるために草売ってるだけで、その世界でどうとか興味ないから。話ぐらいは聞いたれるけど、一緒にどうってのはないで」

その頃の俺は、ラップをやるためだけに、草やコークなどをメインにドラッグディールのビジネスをやっていた時期だ。不良との繋がりも多少はあったけど、不良の勢力争いとかなんかよりも、純粋に音楽だけをやりたかった。

仮に、このときにそいつとガッチリ握手を交わしていたら、また、どこかの組織と敵対していたかもしれないな。俺はヤクザでもないし、不良の火遊びとは、もう縁を切りたかったんだ。勢力争いなんか無意味だし、言葉で金を作ってなんぼという世界で、俺はすでに生きていた。

初ライブでの忘れられない快感

生まれ育った街で成功する。この街から、みんなで。

やっぱ結局、地元は大切だから。ホンマにみんなで成功したいって思っていた。

一人なら簡単、ってか、それはなんでもありえるし、違うやろ？　でも、全員で成功したら、そんなん夢みたいな話だから。

カッコ悪いやつも見てきたし、終わっていくやつ、ポン中で死んだやつ、腐ったやつ。そういう、どうしようもないやつをここ4〜5年、俺はイヤというほどこの街と刑務所の中で見てきた。それが大きかったと思う。

「俺はこういうふうになりたない」

そんなビジョンを持っていたし、成れの果ての世界で慣れ合いで生きるのは絶対にイヤだった。だからこそ、ラップを見つけた。周りのやつと同じようにやっていたら、俺が見てきた悪い例と同じように、俺は成り下がってくと思う。

「人間は生きながら腐っていく」

俺はそう思ってる。

俺の周りは、今も腐っているやつばっかりだ。そんな中で、俺は気づいた。

「俺の見せられるもんってコレや」

「コレが俺の武器なんや」

「ヒップホップって生き方なんやな」

あれは、今でも忘れられない衝撃だ。

東京・渋谷の「VUENOS（ヴエノス）」で初めてライブやったとき。あれは、なんとも言えない快感だった。

ラップで盛り上げるのは、ほかの何をしたときより嬉しいし、気持ちいい。ステージではカッコつけてなんぼだと思うし、そんなの当たり前。結局、ツラが良くないと、内面すら見てもらえないっていうことだし、それが現実。写真を撮られるときも、カッコ良く写ってなんぼだし、服だって、タトゥーだって、曲だってそうだ。すべてがアートだから、全部本気でやらなければいけないと思う。

ただの有名な半グレってだけなら、それはただの不良で、ラッパーじゃない。ただ団地やゲトー育ちで草売ってるだけでも、ラッパーにはなれない。

アビスは俺の誇り

正直、泣くような場面は、それまでの人生で山盛りあった。アビスのときだって、懲役のときだってそう、今回の逮捕の件もそうだ。

そんなんはいつだってあったし、これからだってそうなんだろう。あっさり進んだことなんか、俺の人生で一つもない。そんなことが重なって、俺はいろいろなもんを感じ取ってきたんだと思う。

だから、やってきたことじゃなく、これからのことや感じたことで勝負したい。夢に生きてきた分、人には言えないこともやってきたから、嘘があると思う。嘘があるって言ったら悪く聞こえるかもしれないけど、悲しませたやつもおるし、家族や自分の女だって泣かせてきた。

でも、この日までの道のりや感じたことに嘘はない。カッコつけて、めちゃくちゃなやり方で名前を売ってきた分、その反面、恥ずかしいことだっていっぱいあった。

半分勝ったケンカがあれば、もう半分は逃げてたと思うわ。じゃなかったら、俺は今、生きてない。オレが見てきた世界は、普通の世界ではないと思っている。目をつむりたくなることや、もう何もかもやめてしまうかと思いたくなる瞬間もあった。ホンマ、嘘みたいなことばっかりやってきたし、ダサイことも迷惑かけた人も山盛りおる。

俺の人生なんか、自慢できることではないと思う。我慢なんかしたことがなかったし、やりたい放題、好き勝手に生きてきた。それは俺のイイとこであり、ホンマに反省しなければいけないところ。

でも、俺らがしてきたことは、誰にでもできることじゃない。

アビスグループ、これは俺の誇りだ。

今はまだ、ゼロ。でも、ゼロまでが遠かった。マイナスが多すぎた。

でも、ゼロまでいくのも、大半のやつはムリだろう。こんなとこにいたら、ゼロになれるやつすらいないんじゃないかと思う。ずっと一生、死ぬまでマイナスで苦しむんだろう。

だから俺らは、そんなちょっとやそっとじゃダメなんだ。そこらへんのやつの成功は、もう悪いけど経験してきたし、俺たちから見ればそんなのは成功じゃない。俺には家族もいるし、周りのツレも、めちゃくちゃな俺を慕ってくれるし、今でも助けてくれる。いちばん身近にいるそいつらに、俺は夢を見せたい。

刑務所を出所したときは、まだようやくスタート地点に立った気分で、何か証明した感はない。

「今から音楽で見せなあかん」

そう思っていた。

地元のやつらの応援がなかったらヒップホップはない。

「この街やパクられてるやつの分まで気合い入れて頑張らな」

そう思っていた。

「ここからや、俺らは」って。

めっちゃビビってはいても…

俺らのアビスグループは、年上からも一目置かれるグループだった。それが俺の中では誇り。

大阪の年上でも兵庫の年上でも、腕っぷしが強いやつもいれば、コワいやつや権力があるやつ、そんな人間などいくらでも見てきた。でも、俺の中では、アビスが一番だった。

俺らの真似は誰にもできひん。

俺らがいくつになっても羨ましいと思わせたい。

地元だってそう、俺の地元のやつらは、何かをプラスに変える術が見つからないだけなんだと思う。みんな、ホンマにいいやつばかりだから。俺は恨んでるやつなど、マジでいない。逆は知らんけど（笑）。

俺は、恨むくらいなら、口に出して文句を言うタイプ。恨むぐらいムカつくやつが近所にいるのに、何も言わないなんて、俺には絶対ムリ。おかしなやつもいっぱいおるけど、何か、どこかにいいところが必ずある。

俺は友達を集めるのも好きだけど、なんかこう、集めるより、自然と集まる感じのほうが好き。女の子でもムリやり遊んだりすんのは、なんかイヤ。

アビスって、どっちかというと、自然と集まった集団だったと思う。まあ、でも、年下のボーイとかに対しても、「キツいのに、よおやってんな」って思ってたもん。

コウヘイなんか、まだ16歳だったし、16〜17歳の女の子もいっぱいいた。俺やったら、「もうイヤ」って音をあげてたと思う。普通にキツかったと思うで。だって、俺みたいなめちゃくちゃなやつが年上にいるとか、考えたくもない。なんせ、めちゃくちゃだったからな（笑）。

今なら俺も、少しは大人になったかもしれないけど、昔はとにかく、ずっとメチャメチャなことばっかりやらかしてたな。さらに、年下に何かやってあげたなんてのは、今の今まで、何もない気がする。まだ、何もしてあげられてないんだな。アイツらが俺のためにやってくれたことを、俺はアイツらに誇りに思ってほしい。

「阪本なんか、一人じゃなんもできひんやろ?」

それぐらいのラフなノリで構わない。実際、そうだったから(笑)。

俺一人でここまでこられたわけじゃないし、一人だったらムリだった。みんなが俺を作ってくれたんだと、心から思ってる。良いも悪いも、すべてひっくるめてな。

だから、そういう期待というか、

「アイツはなんかやりよる」

みたいなんが好きやし、だからこそ、それに応えたい。昔からそうだったと思うな。

これまで、アビスでは様々なことを経験したつもりだ。道頓堀の橋の上でブチ切れた深海くんに、「包丁買いに行ってきてくれ」って言われたときも、いつだってホンマはめっちゃコワかった。コワくないときなんて一度もなかった。

イケイケで生きてきたけど、家じゃ女に甘えるのも大好きやし、アビスのメンバーだって自分の彼女の前じゃそうだっただろ? みんな、何があっても一瞬もひるまず立ち向かっていたけど、内心はコワいこともあったんちゃうかな? わからんけど、俺は、内心ビビってたで(笑)。

だから、いつも何かあったら、終わってから仲間に聞いた。

「おまえ、めっちゃビビっとったやろ？（笑）」

するとと、必ずこんなふうに返された。

「何言うとん、おまえも顔マジやったぞ」

最後の最後でクリアできたらそれでいいっていう考えだから、クリアするまでは、弱音は吐かない。不安にさせたくないし、仲間の青ざめた顔を見ていたら俺まで逃げ出したくなるしな。

だから、大丈夫だと思わせたい。まあ、だいたい大丈夫じゃないことばっかりねんけど、なんとかなってきた。

「普通でいい」は今はムリ

俺は、親父が若いときに生まれてるから、昔はウチも貧乏だった。けど、周りは母子家庭とかばっかりで、羨ましがられることが多かった。

ヒトが持ってるゲームが羨ましい。ヒトの履いているクツが欲しい。でも、何でもかんでも買ってもらえるやつなど、俺らの周りにいなかった。そのときは、何もできなかったしな。

けど、やっぱ俺らはそんな夢を一つ一つ叶えたかったたし、アビスのメンバーだってそうだったんじゃないか。諦めるやつもいるけど、俺は永遠に言っていたい。それを永遠に夢見ていられるかどうか。それがホンマに大切なことなんじゃないか。

思いは叶うって、俺はぜんぜん信じているし、叶えなくちゃダメだろ？　自分のやってきたことを振り返って、「こんな大変な」とか「俺すげぇ」とかは一切、思わない。ホンマにクソッたれな…人生だと思う（笑）。それは、今でも変わらない。

それでも、俺はまったく諦めていないし、むしろ今からやろって。ほんの少しは光を見せられているのかもしれないけど、まだまだこんな状況だし、何もできてないって思う。

なんでそう言い切れるのかって、それは俺には仲間がいるから。

一人なら、これからも何もできないかもしれない。けど、たとえばアビスのときだって、俺の周りには最強メンバーが集まった。みんなが俺のために、俺もみんなのために動いていた。だから、俺もみんなも、前を向いてるだけで良かった。ずっとそうだったと思う。

だから、ハンパなままじゃダメなんだ。ホンマにヤバいときに、俺がなんとかできる力を持っておきたいし、今まで以上に仲間を大切にしていきたいって、アビスの解散があったときに俺は気づいた。

でも、それだけの金を稼ごうと思ったら、普通に考えているやり方では絶対ムリだった。それだったら、ええとこ現場の親方止まりだと思う。まず、宝くじぐらいではムリだから（笑）。

でもな、オカンはいつも言う。

「もう普通にして。ってか、普通でいいねん」

でも、それはムリなんや、俺は。

家族だけじゃない、仲間もおる。全部やりたい。やれなかったらムリ。気に食わない。カッコいって自分に言えないし、できたとしたら最高だ。そんな金あったら、余分な金で、みんな集めて遊ぶで。そうなりたいな。みんなを儲けさしたるやん。

俺、できる気がしている。なんの根拠もないけど。俺らは何でもできるねんて。

ヒップホップは、俺にぴったりやと思う。俺みたいな、街で後ろ指さされる半グレが、簡単にはじめられたし。それこそヒップホップやろって思う。

ラッパーは、まぎれもなく俺のことだって、今も思っている。普通のやつらは、下を向いてしまうような環境。今の暮らし、この街、俺の過去でも、それが続けられる。

「団地はムリ」「半グレはムリ」

音楽は俺の生活の中で、たった一つの「プラス」だった。これがあるおかげで、どんなときも上を向いていられた。だいたいのやつが泣きを入れる状況でも、俺は上を向いて入られた。俺のことをよく知らない地元の人間たちは、CDを出すこと自体、「ムリ」と思っている。団地とか半グレって言っただけで、ナメられるような世の中。俺が歌っている曲なんかも、一般人からしたら、顔をしかめることだと思う。

でも、「なんやコラ」って気持ちは、一生持ってないとダメだと思う。

ナメられたらあかん、この世の中。

俺は、そこらへんのラッパーと持っているもんが違うし、抱えてるもんのデカさも違う。俺にとっては、この団地の仲間とか、アビスのメンバーが最強のモチベーションだったし、これからもそれは変わらない。それがなかったら、途中で泣き入れていたかもしれない。

「西宮からやったるやんけ」

それぐらいの気持ちでずっと俺は生きてきた。この生まれ育った街からやらなければ意味がない。全員が諦めても、俺はバリバリやったんで。一生やったる。イヤでも全員が認めるところまで俺は成り上がる。やれることにはすべて挑戦したいし、見とけって思ってやってたことで、しかも団地の曲でヒットチューンを駆け上がったりしたら、最高ちゃう？

おまえらが聴いて「ヤバい」って言うてる曲は、実はアビスのこととか団地のことやねんでってカマしたい。わかる？　それができたら、団地のガキとか半グレとかも、みんな夢を見るようになれるんちゃう？　「団地はムリ」「半グレやろ？　ムリやろ」って言葉が消えるんちゃう？

「団地からアイツやりおった」

「アイツ、元アビスらしいで」

そうなるやろ？

そんな曲が生まれるかどうかはわからないけど、やるしかない。これから、どこでどんな人と会って何が待っているかわからないから。

でも、音楽でカマすのがいちばん早い。不可能を可能に、マイナスからゼロに。それには、自分を信じることと、絶対こいつは信じられるって仲間を見つけて大切にすることだと思っている。

もし誰も信じられないなら、その分、自分を信じたらいい。それこそ何歳になろうが、どこでどうなろうが、自分の味方になってくれる仲間、それがいちばんだ。

もちろん、ただ口で言っているだけじゃ意味がない。だから俺は、オッサンになっても、期待される男でありたい。

「アイツ、何かやりよんで〜」

って、そんなやつに。

俺が一生ラッパーでメシ食おうと思ったら、人生をすべて捧げて、ちょうどええんちゃうって？

今、俺が思っている夢は、それぐらいデカい。

これからも、アビスが解散になったとき以上に厳しい状況があるのだろう。何回もあるだろうな。

「もうカンベンしてくれよ〜」

そう思うくらいのこと。

でも絶対に折れたらダメだ。年を重ねるごとに、どんどん諦めが増えるんだと思う。でも、今の周りの仲間がいれば大丈夫。けど、一人になったらキツいなぁ〜（笑）。逆に、有名になっても昔の仲間と遊びたいもんな、絶対に。

一つだけ自分を褒めるっていうかスゴいと言えることは、やっぱり俺が今もラップをやっていること。いろいろあったけど、俺はラップに辿り着いた。見つけてもうたもんな、ラップだけは（笑）。まだまだやれると思うし、誰かが俺のスタイルとか生き方を真似しようとしてもムリだろうな。

いつかまた、みんなで集まりたいな。肩の力が抜けるときがきたらええな。

そんなときは、みんなで外国かどっか行きたいな。何人か一緒に行けたらそれでいい。最悪、2人とかでも（笑）。

そのときは俺も、今よりもっと大人になってると思う…たぶん（笑）。大人になりすぎて昔の気持ちを忘れてしまうやつもいるだろうけど、俺はあの頃の気持ちをずっと忘れないように、今も生きている。

第6章 現在

2020年、22歳で再び──

この本を書いてる今、2021年、俺は盛岡少年刑務所にいる。

新型コロナウイルスの感染拡大で人々の日常が大きく変わっていく中で、俺にも、そしてアビスのメンバーにもいろいろな変化があった。

リーダーの深海くんや古参幹部たちは、2018年の集団暴行の件で逮捕されて、今現在はほとんどが懲役に行っている。

俺のプライベートでも、大きな変化があった。逮捕をきっかけとして、いくつか仕事も増えた。それは、もちろんラッパーとして。

大麻の大量所持でパクられて全国ニュースになった俺のことを取り上げてくれるメディアもいくつかあった。最初に取材してくれたのが、『実話ナックルズ』(大洋図書)。

俺は、この『実話ナックルズ』や『実話マッドマックス』(コアマガジン)みたいな、不良が好きな雑誌を定期的にチェックしてきた。なので、雑誌メディアから声がかかったのは、素直に嬉しかった。

そんなことが勾留中にあって、俺は確信した。普通の職業に就いて普通の生活を送っていたのでは、得られない徳と返しきれない罪と罰を俺は背負ってきたわけやけど、ヒップホップというアートによってそれらをすべて洗えるんじゃないかな、ということだ。

まあ、こうした実感が今までトンデモない事件に繋がっていったのは間違いないだろう。

冒頭にも書いたように、2020年1月に逮捕された事件は、とある人間のチンコロによって、自分の彼女も巻き込んで捕まってしまった。

俺はMDMA897グラムと大麻230グラムを営利目的で所持したとして起訴された。警察もバカじゃないから、関西、関東で大量に薬物を売りさばいてる男を、いつまでも放置しておくはずがなかった。前回出所して約1年の月日が経った頃のこと。仮釈放が切れて5カ月くらい、22歳になってすぐやった。

ラップをやらず、静かに生活していたら、おそらく逮捕されなかったのだろう。でも、この逮捕をきっかけに、全国的に名が広まったのやから、すべてが悪いものではなかったのかもしれない。

彼女、家族、仲間のために

俺は、今までさんざん、馬鹿なこともやってきたけど、いつだってくよくよ後悔したってなんもはじまらんと思い生きてきた。

俺のせいで一緒に逮捕された彼女は現在、ある少年院に入院中。取り調べでも、必死に俺のことをかばってくれて、自分のこと以外は全て黙秘を貫いてくれている。

　この本の冒頭でも少し触れたけど、俺のことをチンコロした人間が逮捕された前日、俺と一緒にホテルにいたため、彼女はまったく容疑のないデタラメな罪状で逮捕された。俺たちと一緒に、1キロ近くの薬物を売ろうとした共犯者として、起訴までされた。

　結局、未成年だったことから、少年院に入院することになり、今もなお体の自由を奪われたままでいる。

　実は、事件当日のことや俺がなぜ逮捕されたかについて、彼女自身はまったく何も知らない。ただ単に、その場に俺の彼女としていただけで逮捕、起訴された。

　俺は、彼女が無罪であるという証拠を弁護士とともに集めたけど、結局、それを公にすることはなかった。そのことが俺の中で、今もシコリとして残っている。

　そんな彼女と最後にかわした言葉は、

「待ってるね、手紙出す」

だった。

　最初は、ホンマに自分のあさはかさを呪ったり、チンコロしたやつの家族のことをすべて殺してやろう、なんて考えたりもした。裏の社会でこの男のしたことは、正直、殺されてもおかしくないし、そいつに対して何かしらの制裁をくわえないことには、俺自身がナメられるっていうのもあった。

でも、そいつに制裁をくわえると、俺の家族や仲間が悲しむ。そんなたった一人の人間のために、自分の大切な人たちを泣かせるのは、もうごめんだ。そいつに制裁をくわえるのは簡単なことだけど、今の俺にはそれ以上のものがある。時間が過ぎた今、何をどうするか。それは、すべて俺次第。過ぎた時間は戻らない。だからこそ、失敗の中から何か現在の自分に繋がることを考え、身内のために汗を流して、損をして得を取りたい。

その中で必要な金は、俺が血のションベンを垂れ流してでも、自分の才覚で作りたい。

成功も失敗も、すべて俺の歩いてきた道のりの中にある。あの頃の自分がいたから、今の自分がある。人ってそんなものだと思う、俺は。だから今の俺があるのだ。

大阪で同時に逮捕され、現在少年院で服役中の彼女のためにも成功しなければならない

不幸から脱却するには

刑務所の中で、俺はいろいろなことを学んだ。今まで一切、勉強などしてこなかったから、最初は文字すらまともに書けずにいた。だから辞書を買い、文字の読み方から覚えていった。わからん漢字は、一字ずつノートに書いてその意味を頭に叩き込んだ。

学校で勉強せんかった分を、俺は刑務所で勉強した。むしろ、勉強したいと思った。学校のときはまったくやりたいと思わんかったけど、自分から進んでやりだした。そんなんでええと思う俺は。

昔、よくオカンに言われた。

「勉強せんかったら大人なって後悔すんで!!（怒）」

その言葉は、間違っていなかった。

「うわ〜、まともに字が書けへん、恥ずかし…」

実際にそう思った。だから勉強しはじめた。小1の漢字ドリルから、算数まで、いろいろやった。

別に、何歳になってからでも俺は遅くないと思った。勉強なんか自分でやりたいと思って、後悔してからやってもぜんぜんいいと思えたし、それが正しいとすら思えた。実際、前回の懲役で漢字検定3級、そして英語検定2級を取った。しかし、この資格が出所後、役に立ったことは一度もなかったが（笑）。

たぶん、これからも使うときがくることはないのかもしれないが、でも、やったらできるってことを自分で試してみたかっただけだ。そんなんでええやろ。

ほかに、刑務所の中で学んだのは、人と人との繋がりの大切さだと思っている。何か大きな物の歯車の一つになるのは絶対にイヤやけど、人は人と繋がって、人の中で生きなければならない。裏切りや嘘を生むのも人かもしれないけど、幸せや愛を生むのも人なんだと思うし、一人だとスケールも小さい。

それと、刑務所の中で、最初は本を読まなかったけれど、自分で作詞してみたりしているうちに、俺は文学の素晴らしさも知った。そこからは、文庫本を読みあさったし、気が付けば、「カラマーゾフの兄弟」をはじめとした海外文学も手に取るようになった。

特に惹きつけられたのが、キリスト教の存在だ。ドストエフスキーの書いた、宗教を前に苦悩する人々の姿を目の当たりにした気がした。

それと、哲学にも感動したものがある。アランって人の本を読んだときは、まあまあくらったな。この本で印象に残っているのは、「幸せとは何ぞや」という問いではない。むしろ「不幸というものには、必ず不幸にさせている元がある」って語られてるところ。難しいこと言ってるやろ（笑）？俺は、この一文は「幸せを求めるというのではなく、不幸から脱却するためには何をなすべきか」ってことだと思っている。

本をとっかかりに、俺にも知識欲があるんだって思ったり、知識面でもかなり成長したはずだ。

俺は、一般社会を憎み、怒りと暴力と薬物にまみれた生活をしてきた。だから、これまでの自分をすべて肯定することは、一生ムリだと思う。それでも、未来には、希望を持って生きていきたい。

こんな俺を支えてくれる人たち

今回も前回も、塀の中にいる俺に、いろいろな人が面会に来てくれたり手紙をくれた人もいた。地元の唯一の女友達である朱美は、わざわざ東京拘置所まで面会しに来てくれた。オカンやオヤジとも、先日、約1年ぶりに面会した。これほど人の優しさをありがたいと思ったことはなかった。

みんな、俺に早く出所して更生してもらいたいと願っている。今度こそ、そんな気持ちに絶対に応えてあげなければと思うようになった。

一般社会にいる人たちの中には、「またアイツ、やったよ〜」ってバカにしているやつもいたと思うし、「おまえ何やってんだよ?・」ってホンマに怒ってくれた人もいた。一般の人たちに、俺たちのような生き方は理解できないだろう。表の人間は、常識を大切に生きているからな。もちろん、それはそれで大切なんだけれど。それも間違いじゃないし、むしろ普通だ。

反対に、裏の仕事をやっている人間や本職の人たちは、俺のことを慰めてくれた。一歩足を踏み外せば、その人たちだってパクられることもあるし、逆に刑務所がどんな場所かわかったうえで、いろいろとやってくれることもあった。

金も女も、すべてを手にした俺と、無一文の裸の俺。どっちだって変わることなく俺を大切にしてくれる人たちを、これからも一生大切にしたい。

パクられて、何が俺に残ったかを考えた。金はわずかなもんで、何かできるものではない。でも、それ以上の歌や仲間、家族が残った。むしろ、これだけで十分、そう思うぐらい。

でも現に、今回のことがあって、逮捕前に周りにいた人間で、いなくなったやつもいる。金を借りたまんま持ち逃げしたやつもいる。

でも、それで良かったと思っている。そういう大切なことがわからんやつには興味もないし、むしろ、余計なものが全部なくなったと気づけたから。これまでは、無駄だらけなんだったと思う。

ただ俺がわかったのは、これからどう人生を進めるにしても、もうラップしかないんやってこと。だから、またラップできる準備だけはやっていかないといけない。そんな考えに落ちついた。

もちろん、それをするためには、ビジネスとしてやっていたことや、いろいろな約束をブチこわしたことについては、誠意を込めて向き合っていきたい。謝るべき人には謝らないといけないし、それをすべて許してもらおうとも思ってない。

それはそれとして、自分がラッパーとして、男として、どうあるべきかと改めて考えると、今までの姿勢を揺るぎないものにして突き進んでいくことだと思う。それは、俺が思うヒップホップだったらできる。むしろトラブルがあるから曲ができる。そういうことを体現できる俺は、むしろ強運か？

だから、降りかかるどんな物事も抱いてラップしていこうって腹をくくっている。

不良とは違った人生を踏み出す

俺だって、生まれたときから犯罪者、半グレだったわけじゃない。

でも、中学校１年生の頃から不良の世界に入り浸るようになり、その後、アビスや刑務所を通り過ぎて、今がある。確かに、子どもの頃から、身の回りには不良とか半グレが多かった。そんな〝深い沼〟から抜け出すには、音楽しか俺にはない。

何度も言うけど、人間の過去は変えられない。でも、自分の生きた過去を後悔する必要などない。ただ、俺には過去とは違う人生を踏み出す必要があるし、誰だっていつからでも違う人生を踏み出

今も気にかけてくれる地元の友達、仲間と

すことはできる。つまりは、本人のやる気次第ってことだ。

そのためには、社会のほうも、いつからでもやり直しがきく、寛大な社会になったらいいなって思う。

俺は前だけを見て生きている。今まで何度となく「過去の自分」との決別を誓い、人生をやり直そうとしてきた。けど、俺自身の意志の弱さもあって、それは果たすことはできなかった。

1年前に逮捕されたとき、容疑者として、彼女とともに東京行きの新幹線に乗り込んだのだが、そのとき、俺は自分が情けなくて、強烈な劣等感と自己嫌悪に苛まれた。

俺のような人間のことを、世のまっとうな人々はどう見ているのだろうか。そのことは俺自身がいちばんよくわかってる。

それでもこの先、俺と出会い、すれ違った人たちが、不幸ではなく少しでも幸せになるように、これからの人生を生きていかなければならない。

最初はこの本を書くことだって、いろいろ迷った。

「世間を騒がせた半グレ集団の妄言」

「泣き言でしかない」

そう言われないだろうか。そんな思いは、実は、今も消えていない。もちろん、そういう批判や後ろ指については、甘んじて受け入れるしかないと思っている。

でも、事件に巻き込んでしまった仲間や彼女のために、また迷惑をかけた家族や知人のためにも、語っておかなければいけない真実もあると、自分を奮い立たせて筆をとった。

少し話は逸れるけど、現在は取り調べをする際、刑事と容疑者間のルールを厳しくし、さらに「可視化」と称して取り調べの過程で不法行為がないことを記録するためにいろいろとやっているが、そんなもの、俺たちからすれば無意味に見えて仕方がない。冤罪をも防ぐ目的ならば、取り調べの可視化ではなく、捜査の可視化をするべきだと思う。なぜなら、警察、検察は、不都合な証拠などを隠す悪弊があるからだ。こちらのほうが、取り調べや不正より大きな問題だと思う。

今回の自分が起こした事件について、身をもって痛感したのは、真実を追究しようとしない日本の警察、司法の歪みだ。そんなことが、本書の出版により正される一助にでもなればって切に思う。

「悪の履歴書」

アビスグループの幹部として、過去にさまざまなメディアで報道されてきた俺は、現在でもしばしば「ミナミの半グレ」と名指しされることがある。でも正直なところ、「半グレ」とは何なのか、俺にはわからない。ただ、俺自身が否定したところで、「半グレ」という肩書きが消えることは、この先一生ないのだろう。

世間では、今もえげつない〝半グレ切り〟が行われている。実は、今回の俺の逮捕にあたって、多大なご迷惑をおかけした方々がいる。それは、芸能関係の人たちだ。

芸能人は、俺たちとは異なる「デリケートな世界」の人たちで、ほんの些細な行いをきっかけに、今は世間から大バッシングを受ける。

俺は、ある芸能事務所に所属するタレントの女の子たちと仲良くさせてもらっていた時期があった。その事務所へは、女の子を紹介したこともあれば、俺が個人的に幹部の方たちを接待したこともある。

でも、ある時期から、その事務所の社長が俺のインスタグラムを頻繁にチェックするようになって。それと同時に、俺のことをSNS内でブロックし、ケータイは着信拒否となり、こちらからの電話を一切受けることがなくなった。そのうえ、俺のSNSについては一方的にチェックして、夜中に「どこまで何々を持ってきてくれないか?」と勝手な連絡を公衆電話や自分の知人を通してかけてくるようになった。

俺は監視されているようで気味が悪かったし、個人情報も流出している気がしたので、電話番号を変え、SNSでは社長本人をブロックし、閲覧できないようにした。

ちょうどその頃、事務所がタレントと契約する際、「半グレや反社会勢力の人間と付き合わないこと」と、社長自身が言ってまわっていると聞いた。さんざん毎晩のように俺から接待を受け、人のことを使っておきながら、あっさりと手のひらを返すこの社長の行動には呆れてしまった。

俺は、常日頃から、ＳＮＳに芸能人と撮った写真をアップしたりせず、自分の周りの人間をムリに巻き込まないように配慮してきた。その証拠に、俺が管理していた自分のインスタやツイッターから、芸能人に関するトラブルが起きたり、マスコミに報じられたりしたことは今まで一度もない。

今回の俺の事件を受け、メディアは一部の芸能人をマークしていたそうだが、俺が誰と仲がいいぐらいの情報しか、特定できずにいたはずだ。誰かのリークや写真の提供があれば話は別だが、そんなものは１枚もない。単なる情報、それだけでは正確性に欠けるし。昔からの　繋がりや個々に持っていた人脈の中に芸能人がいたりすることだってある。

でも、マスコミやメディアは、とりわけ半グレとの絡みの部分だけを取り上げて、問題視する。これは、おかしくないか、ホンマに。

そんなことをしていたら、誰とも遊べなくなる。ある人物が〝反社〟かどうか、半グレなのかパンピーなのか、それは誰が判断するのかっていうこともあるし、前科を持つ人間がすべて反社なのか、あるいは過去にヤクザと付き合いがあった人たちは、どこまでさかのぼって批判されなければならないのか。

その答えは、俺にもわからない。

ただ、近年のコンプラ地獄は常軌を逸しているし、何かの関係を持った相手の素性に問題があると責任を問われてしまうこの考え方はフェアじゃない。ほとんどの人間が、相手の素性など知る由もないはずだからだ。

もともと、一部の芸能人と反社の人間が近いのは誰もが知っている事実だし、俺自身の半グレ人脈と芸能人の距離は非常に近い。直接ではなくても、どこかで接点が生まれ、人間関係が生じるのだから。

社長自身も、俺に対して、人としてのやりとりや対応をしてほしかった。俺との関係が原因で、芸能界やメディアからブーイングを受け、引退を余儀なくされるのであれば、それは間違っている。

ここまで話をしてきた通り、俺の人生はまさに「悪の履歴書」。「ミナミの半グレ」と言われてしかるべき。

彼らが罪を犯したわけではないのに、俺のせいで他人の人生を狂わせてしまうのは、俺自身、ツラすぎる。俺の彼女にしても、俺と仲良くした芸能界の人間も、その人たちのすべてが否定されるほど許されないことだったのだろうか。

少なくとも、俺にはそう思えない。

２０２０年1月17日に逮捕されてから、俺自身の身の回りでいくつかの不幸が起きてしまった。そのうちの一つある男の〝生きた証〟をここに書き留めて、この章を終えたい。

大切な友人について。

俺が大麻を売買する際、売却人や買い取りたい人を探すのを手伝ってくれてたN。今回の事件では、チンコロした人間の話のせいでNも逮捕された。勾留中、Nの彼女が流産し、そのせいで深い精神的なダメージを受けたことを聞いていた。

Nは20日間の勾留を経て起訴され、保釈されたけど、そのまま精神病院に入院。家族以外は面会謝絶になり、俺の仲間とも10カ月近く音信不通となったその後……Nは自ら命を絶った。

Nは何をするにも派手で、豪快で、粋な男で、VIPコネクションや芸能関係にも強かった。ホンマに、俺の大切な友達だった。生涯に、もう二度とアイツに会えないって考えたら、ものすごい脱力感に襲われた。俺は、Nの彼女とも仲良くしていただけに、たまらなく寂しい気持ちでいるし、勝手なことをしてくれたバカ野郎に、自分のしたことの重大さをわかってもらいたい。

はっきり言えば、今回、池袋で職務質問をくらって勝手にパクられたのだから、言ってしまえば自業自得であり、俺からすれば無関係な話なのだ。でも、ソイツは、自分の刑を軽くしようと必死になって、周りの人間のことをウタいまくった。

俺自身は、そんな人間の相手をする気もないし、俺の前を歩くときだけ下を向いていてくれれば、それでいいと思っている。俺はラッパーであって、もう不良でも、半グレでもないつもりだから。肉体的な危害をくわえるつもりはない。

しかし、Nの周りの人間がそれで納得するかといえば、そうとは思えない。今も血眼になってソイツの帰りを待っていると伝えておく。

大切な友人が、一人の身勝手な行動によって命を落としているのだ。容赦なく追い込まれることだろうし、そいつの家族にすら、迷惑がかかることだって実際ありえると思う。

俺からすれば、そいつ自身が死のうが、路頭に迷おうが、知ったことじゃない。もとをたどれば、自分の口から出たカルマだから。一生逃げ続ける人生を送ればいいと思う。

そんなことはどうだっていいし、そいつがどうなろうと俺は関係ない。ただ、俺はもう一度だけ、Nと太いのでも吸って、バカ笑いがしたい。それだけだ。

今はただ、大切な友人の冥福を祈りたい――。

アンダーグラウンドとの決別

本書を出版するにあたり、「なぜ本を書こうと思ったのか？」と、けっこうな人たちから聞かれた。執筆を決めたのは、次のような理由があったからだ。

アビスに属していた当時、俺はＮＨＫスペシャル『半グレ　反社会勢力の実像』（のちにＮＨＫスペシャル取材班の『半グレ　反社会勢力の実像』として新潮新書より書籍化）という番組の取材スタッフから、ミナミの街での取材を申し込まれたことがあった。

当時、俺は19歳で、その頃は本当にメディアなどに顔を出せる生活状況ではなかったため、話も聞かずにお断りさせてもらった。結局、その取材にはアウトセブンの拳月くんやテポドンくんが出演し、自分たちの店で様々な取材が行われていたことを記憶している。

その姿をテレビを通して見た当時の俺の感想は、あの2人にはたいへん失礼かもしれないが、方向性が正直分からず、この人たちはどこを目指しているんだろうと思ってしまった。でも、24歳になり、その間、俺なりに様々なことを経験してきた今なら、あの2人が何を目指して何を考えていたのか、少しだけど理解できる気がしている。

新型コロナウイルスの感染拡大や東京オリンピック・パラリンピック開催など時代が進んでいく

中で、不良や半グレといった日陰に身を置いて日々生活する者にとってますます生きづらい世の中になっているのが手に取るように分かる。そんな生きづらい場所からシフトチェンジするために試行錯誤を繰り返している人たちを、自然と意識するようになった。

分かりやすい例が、現役暴力団員によるＹｏｕＴｕｂｅｒ活動だ。別に、俺がＹｏｕＴｕｂｅｒになりたいというわけではない。しかし、彼らの活動にはすごく興味を持っている。

出所後は、ヒップホップの世界でまっとうに稼いだ金をオーバーグラウンドに流し込み、キャッシュフローする。そんな考え方や流れの一環になればと思い、今回の執筆を決めたのだった。

俺にとって、今後「表」の世界で提示できるものは、唯一無二のヒップホップしかない。本書の執筆も例外ではなく、出所したときにヒップホップに繋がるような動きを計画していて、その「一連の仕込み」を更生に繋げていきたいと思っている。

逮捕されて、収監されただけで話が終わってしまっては、単なる半グレでしかない。未来の自分にとって、今回の事件、逮捕、刑務所での日々があってこそと思いたい。そう考えて日々を過ごしている。

最後に、今回、事件に関してご迷惑をかけたすべての関係者に、この場を借りてお詫びを申し上げるとともに、いまは亡き祖母と友の墓標に本書を捧げたい。そして、手紙を送ってくれたり差し入れしてくれたり、面会に来てくれたりと現在も俺を支えてくれる人たちに、この場を借りてあら